社會新鮮人面試教戰手冊

面試教戰手冊

華爾街投行副總
面試祕訣大公開

克里斯 Chris —— 著

謹將本書獻給愛我及我愛的人

目次

前言　大裁員風潮已經來了，你準備好了嗎？

01 怎麼大家都在找工作？

疫情過後，市場對未來充滿悲觀主義，公司開始紛紛縮緊人事支出，新聞不時傳來大公司裁員等噩耗，很多公司並不是缺乏現金，而是為了有更充足的現金來應付未來的不確定。

世界經濟情勢在這兩年中遇到轉折點，連人人稱羨的科技業、銀行業紛紛傳出裁員的消息，也不時聽到全球五百大企業大規模裁員。

很多被裁員的人都抱有同樣的疑問，感覺公司財務狀況並沒有差到要裁員的地步，事實上很多公司對市場和未來的判斷不再持樂觀態度，裁員就成為節省開銷最直接有效的辦法。

眼下的職場充斥著「被裁者心傷，等著被裁者心慌」的氛圍……

而越來越多人發現，就業市場和上次找工作的時候，已經大不相同了，網上的職位少了，獵頭公司的電話少了，甚至有時候履歷投出去幾十份，連一個電話都沒有。

　　所謂「未雨綢繆」，面對這一波大規模的裁員潮中，就算你沒有在第一波或第二波的名單中，你也要準備隨時應變大環境的改變。

　　不論你是已經被裁正在找工作，還是在公司等著被裁，或是你不確定這個裁員的火把什麼時候會燒到你身上，現在就打開你的電腦，找出你塵封已久的履歷，跟著我們一步一步走下去。

02 該如何有效的準備求職、面試？

　　本書是針對正在找工作的面試者所撰寫的面試指南；對於被裁員還在找工作的你、或是有工作但隨時處於被裁員的威脅、或是剛從學校畢業第一次找工作的同學，這本教戰手冊可以幫助你準備即將到來的面試。

　　筆者在國內及英國倫敦曾和各大獵頭公司交手無數次，累積不下三百次的面試實戰經驗。在進入倫敦投資銀行工作之後，角色從求職者變成面試官，本書是筆者累積數年求職者及面試官的心得筆記，在每次重新求職時都會反覆閱讀，並且不時修正及加入新的心得。

對於那些想要找到好員工的老闆們，「知己知彼」的重要性更是不容忽視。透過了解應試者的「招式」，就不會因為一時的疏忽而招募到不適任的員工。

03　求職者的「八大招式」

本書分為兩大部分：

第一部分是履歷篇——想拿到工作，先要有面試的機會，而想要有面試的機會，就必須要有出色的履歷，如何寫好你的履歷就成為拿到工作的第一步。

第二部分為面試篇——成功獲得面試機會後，如何準備面試進而獲得工作成為求職者的必修課題，而你所有的努力就是拿到錄取通知（Offer）。

本書將會為你提供「八大招式」，給所有的求職者少走一些彎路，少踩一些坑。

1. 說故事

履歷＝你的故事。

要寫好履歷，首先你要會說故事。

西方國家的求職者懂得如何將自己的優勢，加以包裝就像在說故事一樣地傳達給雇主。

在東方國家教育下的我們，不擅長推銷自己，通常會把原本是優勢的項目變得平淡無奇，且毫無特色。

我們將提供兩個案例，教你如何將一個你認為「平淡無奇」的經驗轉換成活潑生動的故事，並打動你未來的雇主。

同場加映

「沒有工作經驗的學生，要怎麼說好故事？」

2. 履歷中有八個絕對「要」說的要素

很多人在撰寫履歷時，並沒有注意細節，就像寫考卷一樣，把自己過去的工作經驗描述一次，然後放著不再做任何修改，並用同一份履歷投給不同的公司、不同的職位、甚至不同的產

業。

　　顯而易見的，這樣的履歷在景氣處於低谷的時後，很容易淹沒在其他候選人的履歷之中。我們會詳細介紹你的履歷要包含哪八個絕對要說的內容、如何說才讓你的履歷在眾多的求職者中可以脫穎而出。

3. 履歷中有五個絕對「不要」說的要素＋特殊案例

　　求職者常常發現自己的學經歷明明和職位描述（Job Description簡稱JD）很相符，但為什麼連面試的機會都沒有？

　　那是因為你在履歷上埋了許多「地雷」而不自知。而這些細節就像地雷一樣處處引爆，並把你過去好的經驗變成負面的。

　　所以接下來我們要討論的就是哪些材料千萬「不要」放在履歷裡。通常，不要放的會比要放的還重要。

　　接著我們要聊一個特殊案例：如果你失業超過半年以上，在迫不得已的情況下你必須降低職位來獲取工作，但是你的履歷「資歷過高」（overqualified），將成為獲取職位的「障礙」，這時要反其道而行，在履歷隱藏「高大上」經歷以獲取面試的

機會。

4. 面試前的準備工作

當你取得面試機會時，必須做好下列的調查：

● 研究你未來雇主，包括公司經營項目、公司文化、產業定位與經營理念等等。

● 搜尋面試官背景，利用社群網站（例如 LinkedIn）查出公司 CEO、主管的相關專業背景。

● 最後：

把 JD（職位描述）拿出來再讀一次

把 JD（職位描述）拿出來再讀一次

把 JD（職位描述）拿出來再讀一次

太多人在面試時，無法說出你面試職位所要做的工作內容，所以這一題是面試的「必考題」，準備好了，已經贏了一半以

上的求職者。

5. 準備一個五分鐘的自我介紹

很多面試官（特別是臨時被叫來幫忙面試的面試官）在面試前，並沒有看過你的履歷，即使面試官已經看過你的履歷，他也要你自己親自介紹自己。所以你必須要在面試的第一分鐘就要吸引面試官的注意，「定調」本次面試的方向。

不同職位所需的技能要求不同，因此自我介紹的重點、順序也會有所不同。

自我介紹的準備，從開始說你的故事，結合職位描述，引導面試的方向（偏重強項），最後，舉幾個實際的例子，證明你的能力可以勝任這個職位。

6. 準備好面試最常問的十個問題

面試也是有「考古題」，而這些常見的問題，除了專業的問題之外，也有一些負面或難搞的問題，了解「答題要領」，一定贏過沒準備的競爭者。

　　另一個求職者普遍會遺漏的環節，就是在面試的最後，面試官通常會問求職者有沒有問題，有一半以上的面試者不是沒準備問題，或是以「沒問題」結束這次面試。

　　這是一個換你面試面試官的機會，所以一定要準備至少三個問題問你的面試官。一方面展現你對這份工作的渴望，如果可以問出「一針見血」的問題，就可以讓面試官對你留下深刻印象！

7. 面試後跟進與薪資談判

　　面試結束後的兩天之內一定要寫一封感謝函，主要說明你對面試官的感謝，以及你對這個職位的強烈興趣。

　　薪資談判永遠是面試的最後一個步驟。

　　在面試的初期及整個面試的過程中，對薪資要保持彈性，因為你還有其他競爭者，如果他要求薪資比你低，你就出局了。

　　但是到了面試的後期，你對薪資要有所堅持，盡量不低於目前的薪資為前題，除非有特殊狀況。

　　當然有些人在面試過程中會遇到人資或雇主要求你說出你的預期薪資，如何回答這類敏感的問題，我們也會在書中詳細說明。

8. 新工作、新挑戰

　　拿到工作合約後該如何處置，以及針對跳槽求職者在離職及入職後的注意事項。

　　接下來就讓我們一步一步準備，進而拿到你心目中的理想工作！

履歷篇

教戰手冊——履歷篇：1 你會說故事嗎？

履歷表，英文簡稱 CV（Curriculum Vitae）或 Resume，意思是你個人的總結或是個人的經歷。

履歷表是你和未來老闆的第一次接觸，如何能讓別人在最短時間認識你。

要寫好履歷，首先你要會說故事。

01 履歷＝你的故事

「說故事」不等於「編故事」！

說故事是把你過去所做的事情，用生動、有系統的方式表達，讓別人知道你過去做了什麼。

而編故事是說謊，在目前訊息流通的社會中，你很容易被揭穿。

和西方國家比起來，我們過去的訓練比較強調專業技能的提升，而非自我的行銷。

　　西方國家的求職者非常了解推銷自己的重要性，因此他們非常懂得如何將自己的優勢，加以包裝就像在說故事一樣地傳達給雇主。

　　在東方國家教育下的我們，並不擅長推銷自己，也就容易把原本是優勢的項目變得平淡無奇且毫無特色。

　　以下的案例，看我們如何將一個你認為「平淡無奇」的經驗轉換成活潑生動的故事，並打動你未來的雇主。

02　個案一

　　過去兩年你從事一個基層財務會計職位，這可能是一個平淡無奇且無法表現特色的「工作經驗」（換句話說，這是一份人人都能做，而且替代性很高的工作），你每天除了做做報表，例行週會撰寫會議記錄，幫忙公司主管的出差旅費報帳等等，因此，很多人用敘述式的方式的寫到履歷中：

責任描述

● 按時結帳，編製月度各類會計報表；

● 每週一進行週例會，總結上一週工作進展，以及對本週工作安排；

● 審核差旅憑證，協助財務經理制定相關會計制度及財務管理制度，做好流程管控工作。

其實這已經算是一個「還可以」的履歷，但如果這樣的履歷投給一家外商公司，或是世界五百強的公司，很難在上千百個求職者中脫穎而出。即使是一般的公司，這樣的履歷也難以取得面試的機會。

為什麼？這樣的描述是真的把你過去二年的工作經驗交代出來，但你並沒有向未來的雇主講一個屬於你自己的故事，試想，如果同時申請這個職位的有三十個人，依上面的介紹，你如何脫穎而出呢？

再仔細想想，過去兩年的這段期間真的沒有任何經歷值得一談嗎？如果你曾經利用 Excel 幫助公司把每日要處理的五百筆交易進行系統化，而在這個過程中，你必須和主管報告，並取得其他部門的同意及技術部門同事的幫忙等等，你的故事會變成：

在╳╳公司擔任財務會計，建立 Excel 報表為財資部門建構一套全新的電腦收發系統，成功地降低錯誤率達二十％，並提升效率……從這個專案中（你的心態就是把這樣的經驗視為一個專案 project）學習到如何與領導及不同部門溝通，並幫助部門同

事使用該系統，進而影響公司同事學習電腦的風氣……

　　將上面的故事轉換成履歷，就會變成：

　　1.IT 技能：建立一套全新 Excel 報表處理各類財會報表，提升報表月結效率，以及差旅費用核銷審核流程，成功將報銷錯誤率降低達二十％。

　　2.跨部門溝通能力：審視目前例會流程，發現問題，召集相關部門同事成立專案小組，協調意見並在期限之內完成專案，提升部門效率，跟進各部門執行成果。

　　3.組織學習財會及電腦知識：自主學習相關會計及財務管理制度，並推廣前述 Excel 專案，利用例會分享予同事以使用新系統，提高公司同事學習電腦的風氣。

　　在這裡，我們看到了幾個雇主想要看到的技能：

　　● 專業技術：除了你的財會的專業技能之外，善加利用辦公室套裝軟體（Excel）並實際運用在解決問題的能力，這一點是你可以在正式面試時加以著墨，並提供實際例子給未來雇主。

　　● 協調溝通能力：特別是與主管及跨部門溝通的能力，很多你的競爭者在這一塊並沒有著墨，或是根本沒有向上溝通的經驗

與能力，光這一點你就贏了很多人。

●影響力：影響你的同事，進而有效的推動計畫的進行，一旦你有這項技能，你將會是雇主想要雇用的「夢幻團隊」。

03　個案二

我們再看一個例子，如何把日常例行的工作加以分析，找出一些獨特、且你有興趣的部分，並加以放大、強調；舉例來說，你的其中一項日常例行工作就是和老闆一起與各部門開進度協調會，這個專案預計一年，每星期三早上開一次一到二小時的會，你的任務是幫助老闆了解各部門進度，並協助老闆準備報告內容。從上述平凡無奇的工作中，你如何從這個工作中顯現出你的優點？

分析（如何講故事）：

1. 專案管理：這是一個一年的專案，雖然你不是負責全公司所有的工作，但你就是代表部門的窗口，管理專案屬於該部門的進度，與各部門之間的協調、回饋都由你負責；因此，（千萬不要妄自菲薄）你就是該專案的部門專案經理。

2. 團隊合作：包含人際間溝通能力及協調能力，部門間多少會有本位主義，如何和其他部門做溝通、妥協而又不傷及部門

利益，擁有衝突管理的能力，將會使你的履歷大大加分！

　　3.書面溝通能力：有別於口頭的溝通能力，這裡要強調的是如何將觀念、想法、構想轉換成文字的能力。不論是你將老闆所要報告的內容轉換成簡報，或是將會議結論做成紀錄，皆可說明你的文字溝通能力在一定水準之上。

　　說故事的能力就是將這些你認為微不足道的經驗，轉換成公司所需要的能力，把這些經驗變成你個人獨特的經歷。你現在知道如何「講故事」了，所以重新檢視一下你的履歷，把那些敘事式的描述全部刪了吧。

　　看完上述的說明，你是不是恍然大悟，為什麼你之前投遞的履歷像石沉大海般毫無音訊。

　　想清楚自己過去所做的項目，把一些具體的成果分類到上述所舉例的技能中，你會驚訝的發現，你的履歷完全脫胎換骨。

教戰手冊——履歷篇：2 沒有工作經驗的學生，要怎麼說好故事？

我們在之前探討了如何增加你說故事的能力，並舉例說明如何將你「平淡無奇」的工作經驗，轉化成活潑生動的故事，但是這一切都是在你有工作經驗的條件下進行，如果你是今年才從大學畢業的畢業生，過去在寒暑假也沒有去大公司實習的機會，更不幸地，你大學成績也不甚理想，在這種情況下就注定你一輩子要成為「人生輸家」了嗎？

大學成績不好，就不能找到好工作嗎？

01 「魯蛇」翻身

如果你的大學成績很差，就代表找不到好工作了嗎？

那可不一定！

大學成績不好可分為兩種人：第一類是課外活動（玩社團、打工）太多；第二種人則是整天泡在宿舍裡打手遊，或成天談戀愛。

如果你成績差的原因是因為前者，擔任社團負責人或幹部而玩太兇，這反而成為求職的優勢，因為你的履歷就要強調你的領導統御、協調及溝通的能力。如果你還曾經辦過一個五百人校園演唱會或畢業舞會，你的履歷就可以發展成下列幾個重點：

1. 組織能力：組織一個上百人的活動，這裡可以衍生出許多的核心能力，從中你應該強調：

(1) 人際交往關係：組織並號召群眾共同參與一項活動，這證明你是個具有個人魅力的人；

(2) 團隊合作（必須特別強調你是可以融入群體與他人合作，而不是一個離群索居的人）：

(3) 領導與被領導的經驗。

2. 募款及預算執行能力：預算的計劃與執行是另一個不可獲缺的經驗，不論你是在系學會或一般學校社團，每年都會有年度預算的計劃，在這裡可以把你執行預算或募款的經驗寫進你的履歷中。

說故事的能力就是將這些你認為微不足道的經驗，轉換成公司所需要的能力，把這些經驗變成你個人獨特的經歷。

　　如果你是屬於後者（整天玩手遊、談戀愛），好像也眞的拿不出任何事跡來的人，如果你現在才大學四年級，那麼就「做」一個眞實的事件，在畢業前找同學辦一場五十人（你可能沒時間也沒有預算舉辦一個五百人的活動）畢業舞會，從中享受辦活動的樂趣並將這個經驗寫在履歷中！

　　這裡所說的「故事」絕對要是你的故事，而不是編造的，因爲也唯有是你的故事，你在面試時才能說得生動且不心虛！

　　不幸地，你既沒有上面的經歷，也已經從學校畢業了，平常不和同學來往，課堂上的教授你也都不認識，這時你應該把你的履歷改寫成「自傳」或是「作品」。

　　如果你大學四年沉迷在手遊之中，你應該把你對手遊抱持的熱忱展現出來，既然你對課堂上的東西沒興趣（不然功課也不會不好），就把你的興趣和工作結合，從另一個角度上來說明你在手遊這個領域的經驗已經超過四年，是屬於「資深」用戶，你的經驗就是手遊產業要找的最佳員工。

　　重新檢視自己，你會發現屬於你自己的優勢，把你的優勢說出來，你就會找到你心目中的好工作。

教戰手冊──履歷篇：3 找工作找到懷疑人生

01 名校的囧境

對於那些台清交成等名校畢業的同學，你的求職是不是就高枕無憂了呢？

如果大學四年的學習你都埋頭苦幹，寒暑假也不到業界實習，到了畢業時拿著名校的光環，沒錯，你是比其他人多一點面試的機會，但這不代表你比別人容易拿到 offer。

如果你對自己未來想做什麼沒有一個很明確的方向，那麼名校的光環就會變成一種包袱，眼高手低可能會與你先前所想的不一樣，當你每天只有埋頭苦讀的同學，在畢業時最容易迷惘，因為這樣的「好學生」以為只要把書念好了，高薪、好工作自然會找上門。

現實往往和你想的不一樣。

大公司、外商上不了，你不願意屈就一般小公司，或是你願意屈就小公司，別人也會用異樣眼光看你，為什麼畢業名校要來屈就一個名不見經傳的小公司，更差的還在後面，你父母

的不諒解，還要忍受親戚朋友嘲笑的眼光。

如果你還沒準備好，十次面試伴隨著就是十次的失敗，不是名校的光環沒有照應你，其實是因為你還沒準備好。

02　利用考研究所延後就業的壓力？

這兩年或是因為疫情的關係，或是找不到「理想」的工作，或是對未來要做什麼有所迷惘，於是有些人為了逃避就業的現實，選擇「報考研究所」把自己就業的問題再延長兩年，僥倖地認為碩士學位會比大學學位來得容易找工作。

但情況真的是這樣嗎？

兩年後你碩士順利畢業，你因為多念了兩年的書，你期待的薪資會比兩年前高，但很多工作職位其實只要學士畢業，真正需要碩士學位的職位全被博士畢業的人給占走了，不是博士畢業生來和你搶飯碗，而是需要博士學位的職位比碩士又更少了，所以他們只能退而求其次和你搶工作了；而你這個「碩士」學歷反而成為你求職的障礙。

對於這些名校＋成績好的求職者，要先放下身段，重新檢

視在大學四年中所學習的科目和你現在求職的工作有什麼關連？

先搞清楚為什麼要從事這個產業，你對這個職位的期許，以及最重要的是你的專長或興趣是否可以和這個職位結合？

如果這是你的第一份工作，你也要同時設想兩三年後如果你想跳槽、轉換跑道時，這個職位是否可以成為你加分的效果？即使你不離開公司，你也要想到你未來在這家公司的職涯發展。

03 「資深」實習生？

對於那些已經畢業一陣子但一直找不到工作的畢業生，要怎麼克服找工作的困境呢？

首先，你要先了解你自己的專長、興趣。

其次，把你理想中的公司列出來，找出你和這些公司的共通性。

然後，寫一封毛遂自薦的求職信給你心儀的雇主。

　　此時你可以要求以「實習生」的名義加入公司實習三到六個月，一般來說，因爲你是名校畢業，實習生的職位對公司的成本相對低，雇主接受的機會就會大大提高。

　　等你進了公司之後，好好表現以爭取成爲正式員工的機會。

　　如果不幸地，這家公司和你先前想的不一樣，三個月離職後，你的履歷多了一個著名公司的「實習」經歷，同時也不會讓人覺得在一個職位做不久的負面印象。

　　和已經有工作經驗的人不同，應屆畢業生的履歷重點在於學生時代的「輝煌表現」，對於那些功課好的人來說，把全系（或全校）第一名放在優良事跡即可，因此，學習的成果會成爲工作上的表現一個重要的依據。

　　現在你已學會怎麼「講你自己的故事」，下面的章節我們將繼續探討如何把你的故事文字化。針對如何撰寫履歷，以及履歷中哪些一定要說，哪些一定不要說的項目中一一檢視，清楚的告訴你，如何讓你的履歷脫穎而出，而提升面試的機會。

教戰手冊——履歷篇：4 你為什麼找不到工作？

大部分的人在問這個問題的時候，都沒有先看看自己是怎樣寫履歷的？

我們在前面的章節中已經告訴你，該怎麼說故事你的履歷才會動人，接下來我們要把你要說的故事轉成文字。

轉成文字的部分也就是一般說的履歷，而履歷寫的好壞將決定你未來取得面試的機會。

很多人在撰寫履歷時，並沒有注意細節，就像寫考卷一樣，把自己過去的工作經驗描述一次，然後放著不再做任何修改，用著同一份履歷投給不同的公司、不同的職位、甚至不同的產業。

特別是你處於景氣低谷的時期，市場供大於需，你的履歷很容易淹沒在其他的候選人的履歷之中。

底下我們將教你如何製作一份簡潔又乾淨的履歷，照著下列的八個步驟（我把它稱為履歷中的「天龍八部」），你的履歷將從此煥然一新。

教戰手冊──履歷篇：5　了解履歷中的「天龍八部」

一份好的履歷應該包含八個絕對「要」說的要素：

01　天龍八部第一部：要講「重點」

你知道獵頭或公司的 HR 平均花多少時間看一份履歷嗎？

答案是三十秒！

這三十秒就決定你有沒有機會得到面試的機會。如果你連面試的機會都沒有，又怎麼會得到工作呢？

因此，說重點，去掉不會加分（或加分很少）的部分，留下雇主有興趣的部分。

人們在寫履歷的時後最容易犯兩個錯誤，一是寫太多（太多廢話），另一個則是寫太少（不知所云），過與不及都不能引起招募者的注意。

所以建議大家在履歷的一開始先放一個「工作摘要」，或是「個人總結」，這個摘要簡明闡述你的主要技能，吸引招聘

者往下看你的履歷。

那麼哪些部分在履歷中是屬於重點？

除了你專業上的技能的硬實力一定要包含之外，一些非專業的軟實力，才是讓你能夠和別人區分開來的利器。

工作能力、技能包含：在這個領域多久（經歷及背景），主要負責項目要和你申請的職位相匹配。

所有一切與職位需求無關的都是廢話，絕對不放在工作摘要或個人總結中。

一般來說，你可以把自己能力分為底下三類：

1.IT 軟體能力：
Office 作業系統（包括 Word、PowerPoint、Excel 都是最基本的技能），你若是應徵秘書或行政部門的工作，除了基本的電腦使用及 Office 作業系統外，速記等技能是必要的。

若是外商、從事進出口貿易或跨境電商，英文的要求也是絕對的，掌握這些必要的因素，你就自然會把「擔任職工福利

委員」（沒加分或加分很低）這樣的經歷排除於外。

2.溝通協調能力：

目前的工作都是複雜而且涉及到不同部門的專業，很多事情是必須跨部門協調溝通的，因此你和其他部門「串門子」的技能就變得非常有價值。如何將這個軟實力寫入你的履歷中，特別是這樣的要求已經寫入職位描述之中。

3.領導統御能力：

若是應徵管理職，學校課外活動及學校社團幹部的經歷，或是公司職工福利委員經歷就變得很重要，說明你有管理來自不同階層、背景及教育文化的經驗。

你若站在獵頭或公司 HR 的角度來看，他們的責任是找出適合這個職位的候選人，因此，寫出和職位相關的重點，才有面試的機會。

工作摘要／個人總結

● 三年以上網路行銷產品經驗，負責百萬量級生活消費產品，有獨立帶領團隊經驗。

● 具備良好的溝通能力，具有團隊協作精神，有較強的文字

綜合和表達能力。

● 熟悉從○到一產品開發及產品運營。

● 技能：Excel/PowerPoint/Word（熟練），SPSS（基礎），Python（基礎）。

工作摘要與個人總結可以幫助獵頭或公司 HR 快速篩選，只要你能夠抓住職位描述中的重要關鍵字，針對那些關鍵字和你的經歷結合，你將獲得至少三倍以上的面試機會！

教戰手冊──履歷篇：6

02 天龍八部第二部：要「量化」

很多人在履歷上犯了一個很大的錯誤：沒有量化的數據來支撐你的工作成效。

因此，如何將你的經驗量化，以客觀的角度來呈現你的工作成效，簡單地來說就是數字化你的履歷。

武俠小說天龍八部中的王語嫣，武學活詞典，對天下武功瞭若指掌，在許多場合幫助慕容復及段譽看破各大高手的武功來路。

了解自己的優勢（量化績效），看破對手的招式（職位描述），你將攻無不克。

盡量將你過去的工作經歷量化，如果你的履歷的工作職責是：

負責訓練員工使用 ERP（企業資源規劃 Enterprise Resource Planning）系統

其實這一句話並不夠精確，因為你並未說明：

1. 訓練多少員工？

三個人或三十個人？

人數不同代表不同的領導技能與能力，通常訓練三個員工，我們會視為資深線上人員帶領資淺人員，這也是領導能力的表視。

你若是訓練三十個員工，通常雇主會認為該名面試者是獨當一面的經理人員。

2. 訓練什麼樣的員工？

是新進人員或是資深員工？是本部門或跨部門？被訓練的員工是第一線員工或管理階層的管理人員等等。

3. 在多少時間內完成這樣的訓練？

半天的訓練和三天的訓練不同，時間的長短，影響到你所

主持計畫的重要性。

4. 什麼樣的電腦系統？

是 Microsoft Office 還是 C++？不同的系統說明你不同的技術。

因此，上述的工作職責應改為：

> 主持公司電腦化計劃，在三個月內，訓練四十位跨部門管理人員使用 ERP 系統，並導入手機端運用，以節省人力成本，增進公司財會資訊效率。

同樣地，你若將「負責專案管理」或「負責南區銷售經理」改為「負責成本降低專案，將全廠的營運成本降低二十％（或每年降低總成本達二千萬元）」及「在三個月內增加南區銷售三十％（或在三個月內增加二千萬的銷售額）」等等。

這樣的履歷讓雇主比較容易了解到你的專長，主持及執行計劃的能力，領導能力等等，而量化的結果也可以讓雇主對你有個明確的認識，而容易取得面試機會！

　　我們再看一個例子，如何把日常例行的工作加以分析，並找出一些獨特、且你有興趣的部分，並加以放大、強調：

個案分析
· · · · · · ·

　　你的例行工作就是和老闆一起與各部門開進度協調會，這個專案預計一年，每星期三早上開一次一到二小時的會議，你的任務是幫助老闆了解各部門進度，並協助老闆準備報告內容。

　　從上述平凡無奇的工作內容，我們要怎麼把它加以量化，並突顯出你的優點呢？

　　日常職位描述
　　××基因醫藥臨床中心（12/2020~05/2023）專案經理

　　1. 專案管理：
　　負責與 GSK 藥廠合作的大型專案計畫，定期與市場部、醫學部緊密合作，確保相關品牌、市場策略與組織目標一致，該項目為臨床中心增加三千萬的研究經費。

　　2. 跨部門溝通協調：
　　協調公司各部門目標，每個月與學術顧問舉辦專家會議，確

保和支持市場活動的學術專業性。

3. 預算管理：

預算執行率九十％，並按公司要求合理管理預算和人員配置，將預算分配在指定區域的目標醫院中，進行專業拜訪和學術研討活動。

4. 資料管理與分析：

從每週定期會議全面評估各種數據，並發現機會和挑戰，通過學術推廣把產品帶給合適的患者，建立一萬五千筆的數據訊息。

履歷的重點在於你所參與的項目達成了什麼成果，而你在裡面又扮演什麼角色。

量化你的工作成效是很重要的，這樣可以讓雇主很容易了解你的工作績效。

數字化的履歷可以讓你在眾多的求職者中脫穎而出，現在就拿出你的履歷重新撰寫，你會發現嶄新的履歷會讓你更容易獲得面試的機會！

教戰手冊──履歷篇：7

03 天龍八部第三部：要用「正面」且「簡潔」的字句

天龍八部裡大理段氏的武功絕學一陽指，瀟灑飄逸、疾如閃電，著指之處，分毫不差。

正面與簡潔如同隔空點穴，一攻即中，擄獲雇主的眼球。

多用帶有正面能量的字眼做為開頭：例如，

領導、改善、發展、創新、建立、增加（通常指效率銷售額或績效）、降低（通常指成本或錯誤）、協助，制定、參與、影響等等。

用字力求簡潔，履歷是用來和未來雇主溝通的，你當然不必用文言文來書寫，但也千萬別用散文或流水帳的方式來說明你過去的經歷。

最好的方法就是將你的句子倒裝，用「動詞＋項目內容＋結果（量化）」的形式來呈現，並盡量不用主詞（你、我、他）。

配合上一篇文章強調「數字化你的履歷」，你履歷的寫法會變成：

動詞＋項目內容＋結果（量化）

將你工作項目用具體且容易理解的方式呈現出來：

　　通過大數據的收集與分析，建立預測模型，<u>提高用戶的點擊率達三十％</u>，<u>為公司增加十五％收入</u>。

綜合「量化」、「聚焦」及「簡潔」等要素，我們這裡舉出一個簡單的例子，供大家參考（畫底線部分表量化，斜體部分表正面且簡潔的字句）：

工作經歷
╳╳銀行╳╳分公司經理 7/2020~4/2023
創新金融商品部門（說明一）

主要工作內容：
負責創新金融商品（產品包含利率交換，跨境支付），風險管理及營運風險管理。（說明二）

　　A. *制定新的*╳╳系統並全面提升現行資訊架構，*測試其結果*，

*訓練*三十名資深員工使用新系統。

●　*設立並重組*新的工作流程以適應新系統，將新流程推廣至整個組織，幫助部門提升四十％之工作效率。（說明三）

B.*制定*創新策略：展現管理並影響改變；*發起*創新運動，*鼓勵*員工審視目前流程，*提出*改進方案以其增進生產效率及風險控管。

●　成功*節省*每年╳╳╳人工小時，並將該成果推廣全球、降低公司全球營運成本，每年*節省*支出約╳╳百萬美金。（說明四）

C.*展現*跨部門領導並分享其經驗，影響其團隊改變現有狀況增加效率。*帶領*團隊與客戶建立良好關係並妥善處理不同部門間之利益衝突。（說明五）

說明：

1. 說明公司名稱及職位，部門名稱、在職期間。
2. 用一句話，說明「主要」工作內容。
3. 多加利用帶有「正面」意義的動詞
4. 將具體的成果量化，使履歷的讀者能輕易掌握、了解。提升╳╳％，降低多少費用，或節省╳╳╳人工小時皆有助於雇主了解你工作上的貢獻。

5. 說明跨部門溝通，領導團隊，響影客戶的重要性。

底下是一些帶有正面能量的字眼，供各位參考：

執行	統籌	組織
計劃	規劃	管理
構建	創造	設計
發展	創立	建立
發起	引進	引導
節省	減少	協調
加速	實現	推進
增強	交付	提高
擴展	加快	獲得
優化	提升	持續
整合	改造	重塑
改革	精簡	培養
激勵	招募	監督
帶領	解決	分析
搜集	評估	預測
調查	量化	完成
展示		

教戰手冊──履歷篇：8

04 天龍八部第四部：要有「求職信」（Cover Letter）

還記得天龍八部中的「北喬峰，南慕容」嗎？武功略遜喬峰的慕容復，用了人人朗朗上口的口號，提升自己的江湖地位。

求職信的目的要個性化自己的優勢，在還沒看你的簡歷前，留下一個好印象。

怎麼樣才能讓你的履歷脫穎而出？

除了少數的外商，一般企業都不會要求提供求職信（Cover Letter）。

然而求職信的目的在於將你的工作經驗與職位做一個連結，如果你提供了求職信可以大大的提升你履歷被打開的機會。

該怎麼寫求職信呢？

求職信往往是一般人最容易忽略的，和履歷不同，求職信是你對你目前工作的一個總結，以及你認為你過去的經驗如何

能夠轉換成未來這份工作的期許。

　　雇主想從這份求職信中看到你過去的經驗，以及你對這份工作的熱忱，好的求職信可以大大增加你面試的機會，而通常求職信應該視爲履歷的一部分。

　　如果你是電郵寄履歷給你未來的雇主，它可以變成你電郵的內容，增加雇主打開你履歷的機率。

　　當然，這份求職信不能超過一頁。

求職信的五大項

　　求職信大致可以分成下面五個大項：

1. 信件範本（若直接用在電郵，此部分可省略）

- 應徵工作的職稱
- 應徵公司的名稱及地址
- 應徵公司聯繫人職稱及姓名
- 日期
- 結尾簽名

2. 自我介紹（一個簡短的句子介紹自己）

把自己的職涯的經歷用一個句子說出來：

「交大科管 EMBA ──五年金融科技產業（FinTech）及銀行經驗」

或

「台灣註冊會計師──三年四大會計師事務所審計經驗」

或

「政大俄語系畢業，一年跨境電商經驗」

這個標題可以快速幫助獵頭或 HR 了解你的背景及經驗。

切記，一句話讓人明白你的專業背景即可，他們若對你的經歷有興趣，後面的履歷會介紹細節。

3. 第一個段落

求職信的第一個部分，先說明你的意圖，以及你對想應徵職位的興趣：

從✕✕網站上，看到貴公司正在招聘一名專職產品經理一職，以過去四年在網路及供應鏈產業（或✕✕公司）從事產品經理的經驗，可勝任貴公司所招聘的職位。

4. 第二個段落（你的經驗、技能及優勢）

求職信的第二部分，例舉三～五個項目，說明自己能夠提供的經驗或技能，以及你的優勢：

「五年的產品經理經驗讓我學習到下列的技能，以面對貴公司未來的挑戰：

● 在六個月的期限內成功上線✕✕✕產品，並在第一個月擁有十萬用戶。

● 獨立帶領團隊經驗，帶領五人設計團隊、營運✕✕✕項目。

● 具備良好的溝通能力，具有團隊協作精神。

● 文字綜合和表達能力強，管理社群媒體，增進用戶體驗。

● 在✕✕✕項目中，取得✕✕％的業務增長，淨利潤率提升✕✕％。」

5. 第三個段落（為什麼要僱用你？）

求職信的第三部分，說明自己工作的態度，以及對應徵職位的高度興趣：

我的工作理念是「接受挑戰，全力以赴」，在工作之餘，透過網路自學 AutoCAD 繪圖，同時，課外時間廣泛地學習了應用軟體以及很多有關專業書籍。

通過對貴公司的認真研究了解後，對於貴公司所從事的事業有著極大的興趣，很希望能夠在貴公司貢獻所長，並且在實踐中不斷學習進步。

以下附上我的履歷，詳細說明我的經驗及技能，若有任何問題歡迎隨時聯繫我。希望能夠對我的申請予以考慮，並熱切期盼您的回音。謝謝！

§

求職信範本：

　　✕✕跳躍科技公司

台大 EMBA ——四年金融科技及網路金融產業經歷

親愛的✕✕團隊：

　　從✕✕網站上，看到貴公司招聘一名總經理助理一職，以我過去四年在金融科技及網路供應鏈（或✕✕公司從事✕✕職位）的經驗，可勝任貴公司所招聘的職位。

　　四年的金融行業專案經理的經驗讓我學習到下列的技能，以面對貴公司未來的挑戰：

　　在六個月的期限內，利用大數據模型成功上線「供應貸」新產品，該產品取得下列績效：

● 在第一個月開發一萬名新用戶。

● 在「供應貸」項目中，取得三百％的業務增長，淨利潤率提升五十％。

● 獨立帶領五人營運團隊、執行「供應貸」專案。

● 具備良好的溝通能力，具有團隊協作精神。

　　我的工作理念是「接受挑戰，努力學習」，利用假日，透過網路自學 R 程式語言，並實際運用軟體在資料分析，以增加數據使用效率。

　　通過對貴公司的認真研究了解後，對於貴公司所從事的供應

鏈金融事業有著極大的興趣，很希望能夠在貴公司貢獻所長，並且在實踐中不斷學習進步。

以下附上我的履歷，詳細說明我的經驗及技能，若有任何問題歡迎隨時聯繫我。希望能夠對我的申請予以考慮，並熱切期盼您的回音。謝謝！

　　╳╳╳（署名）

求職信是一個開場白、問候語，格式不是最重要，最重要的是要讓你未來的雇主認定你的學經歷，有進一步的面試機會。

千萬不要小覷求職信，如果你從來沒有寫過求職信，模仿上面的句子，寫一篇你自己的求職信，你將得到意想不到的效果。

教戰手冊──履歷篇：9

05 天龍八部第五部：要有「基本資料」

履歷中有一些很容易被人忽略的細節，這些要素看來很簡單，卻常常被疏忽，特別是你在爭取熱門職位，這些細節都可能讓你直接被跳過，所以千萬不能小覷。

天龍八部中的四大惡人：「惡貫滿盈」段延慶、「無惡不作」葉二娘、「兇神惡煞」岳老三、「窮兇極惡」雲中鶴，每個人都有一個「綽號」，一來容易理解、二來容易辦識。

這些基本資料是要人清楚你的背景，以及連絡方式。

這些基本資料包含：

1. 中（英）文姓名：

履歷要能投其所好，如果你是申請外商，請加註你的英文名字。

你若沒有就取一個英文名字，雖然這不是絕對必要條件，

但外商的文化就連老闆也是直呼其英文名，有一個英文名字也讓你更容易融入外商的文化之中。

2. 連絡電話：

提供一個隨時連絡得到的電話，並確認你手機的語音信箱功能是開的，以便在你不方便接聽電話或漏接電話時，還能很快地接收訊息並即時反應。

3. 個人連絡的電子信箱（email）：

絕對不用公司電郵來找工作，這是最大的禁忌。

特別是你若將履歷寄給同業（或競爭對手），一般公司的 IT 部門都會抽查員工所寄發的郵件（特別是寄給競爭對手的信件）是否涉及公司機密。除非萬不得已，否則絕對不用公司郵件帳號。

在使用私人郵件帳號時，盡量取一個和名字相關的個人免費信箱帳號，例如：John Lee（中文縮寫 CY）就可以是 john.cy.lee@gmail.com，要避免使用數字（例如像代有電話號碼的郵箱 17267114567@hotmail.com 或代號 A113892HR@yahoo.com

的電子郵件信箱），這樣看起來也比較正式及專業。

4. 最高或最好的學歷：

對於工作滿五年以上的求職者，工作中所獲得的經驗遠比學歷最重要，因此，在學歷的部分只需提供你最高、最好或是和這個職位最相關的一或二個（如果你有兩個碩士以上的學歷）。

對於沒有工作經驗的求職者，則可提供大學以上的學歷（高中以下部分不必提供），若是碩士以上，可以提供一至二行的論文摘要（與所申請工作相關的才提供）。

5. 專業證照：

若有一、兩張則全部放在履歷上，超過三張以上，選擇相關的即可，證照原本是用來證明自己在某個領域上的專業肯定，但對於在收集或以考證照為樂的人而言，若有證照超過五張以上，這反而成了面試時負面的證據，因為：

● 專業證照意味著專精，一個人怎麼可能每樣都專精？
● 這樣的員工太優秀，公司以後可能留不住人，或是做沒多久他可能覺得無聊而離開公司。

● 這類證照的「含金量」不足，不值得採信。

● 最重要的，若公司雇用這樣的人，是否會將精力放在考證照這件事情上，而不專心於公司事務。

對於沒有專業證照的求職者，應該想辦法考一張證照放在履歷中，對於證照太多的求職者，選擇性地放與工作相關（或「含金量」較高）的一、兩張證照即可。

教戰手冊──履歷篇：10

06 天龍八部第六部：要「簡化」

丐幫原有降龍「二十八掌」，蕭峰與虛竹兩位大高手刪削重複，減成了降龍「十八掌」，威力非但不亞於原來的降龍二十八掌，更有勝之而無不及，成為武林中威震天下的武學。

蕭峰武藝超群、化繁為簡的功力告訴我們，簡潔才能一刀斃命！

在前面的第一部中提到，雇主或人資只花三十秒來看你的履歷，如果你不能幫他劃「重點」，你的履歷將和其他人一樣，沉沒在最底端。

對於那些沒有工作經歷剛從學校畢業的朋友，履歷不可以超過一頁。

即便你有滿山滿谷的打工經驗，挑出有關聯的，呈現出你對這份工作的熱情，千萬不要寫一個超過十頁的履歷，因為後者有超過九十％都是與這個工作無關的「廢話」。

對於那些已經有工作經驗的人來說，盡量將你的履歷壓縮在二～三頁之內。

特別是那些在職場上工作過一段時間的人，深怕雇主遺漏了你某一段經歷，就把所有的大小事情全部「交代」一遍，即使你用了我們前所教你的所有技巧，也會因為你的鉅細靡遺而「失焦」。

強調將你過去的經驗和未來這個工作有關的部分，大量刪除一些沒有相關的經驗。

如果一定要將不相關的也寫上去，請用一、兩句話帶過，如果雇主對於你那些不相關經驗有興趣，也會在面試時問清楚，所以不用在履歷中詳細描述。

總結：永遠聚焦那些能為公司未來帶來效益的工作經驗。

教戰手冊──履歷篇：11

07 天龍八部第七部：要「客製化」

在投履歷的時候，我們往往容易犯一個低級錯誤：把要寄給 A 公司的履歷寄給了 B 公司。

天龍八部的段正淳是最明白客製化的重要性，段正淳的生性風流且在外拈花惹草，針對不同情人都有一套不同的講法。

求職要像段正淳，要把每個不同的雇主當作是不同的情人，訂製一套屬於他們「專屬」的說詞。

很多人寫完一份履歷之後，就用同一個履歷去申請工作。

但你從未想過，即便你是申請和你目前工作類似的職位，公司文化及對職位的要求也會有所不同。

因此，「客製化」你的履歷看似簡單，卻是很多人做不到的。

我們在前面有提過，你的履歷絕對不是千篇一律的，相反

的，你的履歷應該是針對不同雇主的特色而客製化的。

即便在相同產業、類似的職位，你也應該仔細的閱讀職位描述，並針對未來雇主的要求來做適度的調整。

例如這份工作特別強調語言的重要性，一開始你就把你的英文證書放在第一頁第一行明顯的位置，你得到面試的機會就比別人大許多。

注意事項 △
. . . .

很多人在撰寫履歷時，並沒有注意一些細節，只是像寫考卷一樣，把自己過去的工作經驗描述一次，然後就放著不再做任何修改，因此我們常常看到的錯誤：

你寄了求職信及履歷給 B 公司，但你的求職信及履歷上卻忘了把上封寫給 A 公司的地方修改成 B 公司，一般雇主若看到這樣的履歷通常會直接跳過，因為這種「低級錯誤」是不容許發生在實際的商業行為。

通常犯下這個錯誤就是因為你在寄出履歷前並沒有重頭到尾看過一次，要知道每份履歷都是為了這個雇主客製化的，針

對不同的雇主做全部或局部的修改。

　　要知道你是來求職的，這些雇主就是你現在的客戶，這正是反應你對這份工作的重視的程度，如果你不重視它，人家自然也就不重視你了。

　　即使你找的工作都十分類似（例如你只投產品經理的職位），但每個雇主都有不同著重的領域及需求，如果你不對你的客戶用心，甚至不去思考他的需要而想用一份履歷寄給所有的雇主，不要說取得工作的機會了，就連獲得面試的機會恐怕都很難。

教戰手冊──履歷篇：12

08 天龍八部第八部：要「格式一致」

段譽的凌波微步，禦敵對陣時只需按周易六十四卦步法行走，無需顧忌對手的存在。

履歷的製作，無需顧慮競爭對手如何呈現他們的履歷，但務必使自己的格式一致，讓人閱讀有一氣呵成的效果。

最後一項看似理所當然，卻是經常忽略的一點。

雖然這是基本常識，但往往因為你的履歷修改不同的版本，而容易忽略前後格式的不一致，這會使人覺得不專業、不認真、不細心。

雇主並不認識你，而你的履歷是現階段唯一認識你的管道，所以格式不一致將會成為一個致命的傷害，而你自己卻毫無感覺。

§

　　到此，你已經把所有該寫的以及該加的全部放到你的履歷，看來你已經迫不及待要把你的豐功偉業寄給未來的老闆，但是別急，你的履歷裡面可能還有一些不應該放的東西需要重新檢視。

　　下一章我們將會針對履歷中的地雷一一檢視，告訴你有哪些事千萬不能寫到履歷，到時你將會明白，為什麼你的經歷和職位相當匹配卻一直等不到面試的機會？

教戰手冊——履歷篇：13 你的履歷究竟埋了多少地雷？

在前文「履歷天龍八部系列」的文章中，我們針對了履歷應該包含什麼做了一個深度的分析，相信當你將履歷改好之後，已經躍躍欲試迫不及待把它寄給你心目中的未來雇主。

你有沒發現，常常覺得自己的學、經歷明明和職位描述很相符，爲什麼連面試的機會都沒有？

因爲你可能在你自己的履歷上埋了許多「地雷」而你不知道，而這些細節就像地雷一樣處處引爆，並把你過去好的經驗變成負面的，因此有些材料「不要」放在履歷。

上一章我們談「要」（Dos），接下來我們要討論的是「不要」（Don'ts）

通常，不要放的會比要放的還重要。

01 不要主動提及「薪資」

不論是過去，現在或預期的薪資，薪資永遠是最後一個問

題。

這是一個敏感的議題，通常這個議題在雇主決定要雇用你時才會觸及，而不是在還沒面試前就討論的問題！

有些雇主會要求職者提供預期薪資，原因是不想浪費時間在面試一些他們「付不起」或「不想付這麼高」的員工上。

即使如此，至少不要在履歷中提及薪資，原因是：

1. 如果你要求的薪水高於雇主想要付的薪水（即便你預期的薪水是可以再談的），有很高的機率，你的名字將會直接從面試名單中被剔除，即使你真的值這個價錢。

2. 如果你要求的薪水太低，這又衍生出兩個問題：
1）你對自己的自信度不足，或是有什麼缺點，才願意用低於市場的價格獲取這個職位。
2）你沒做足功課（更糟的還認為你不認真），對這個你將進入的產業或市場了解程度不足。

即便是過去或現在的薪水，也都不要提供在履歷中，甚至在前面幾輪的面試中，都不要主動談論薪資，因為：

1. 你還在和其他潛在競爭者在爭取這個職位，如果別人要求的薪水遠低於你，那麼你連競爭的機會都沒有；

2. 你對公司未來的價值還沒完全展現（不然早就雇用你了）；

3. 你需要更多的信息去了解未來在這家公司所要負責的職責，以及你是否認同這家公司的文化（這個問題會出現在你就職後的三個月後，後面的我們會針對這個議題特別專章討論）。所以當和雇主面試溝通之後，你若能展現你對公司未來的價值，也許他會改變心意而付出你期望的薪資。

關於面試時該如何應對薪資的問題，將在後面實戰篇加以詳述。

02 不要洩露「公司機密」

從你開始寫履歷的時候，要隨時記住你和現在的雇主是曾經簽過保密協議，關於履歷中你的工作內容，所完成的項目，以及重要客戶的名稱等等的揭露都要特別懂慎小心。

　　主動洩露公司機密並將它放在履歷中，是犯了求職的大忌！

　　因為一旦把履歷寄出，你無法掌握誰會看到你的信息，除了獵頭公司之外，你現在公司的競爭對手，甚至是你現在的老闆都有可能看到你的履歷。

　　即使你所應徵的工作和現在的工作無關，或甚至是不同產業，你很難保證你的履歷不會被同業或競爭對手看到，尤其是你的履歷是透過網絡或人力資源中介公司幫忙找尋工作。

　　同時也不要忘了，你在進現在這家公司時都有簽訂保密條款，一旦公司數據外流，而其外流的佐證數據竟來自你的個人履歷，不但工作沒了、還會吃上官司。

　　特別針對那些高管們，如果在你目前的工作中有接觸到一些機密數據的人要特別注意，這裡對機密的定義有時不是那麼清楚，為了防止一些不必要的糾紛，千萬不要將在前一家公司所做的簡報，數據或報表帶到新公司去，即便這些數據都是你自己獨立完成的。

　　通常公司在你入職時都會要求你簽一個所有權的合約，也

就是說你在公司任職的這段期間所有的產出都屬於公司的資產（不論是否是你獨立完成，或是和同事合力完成）。

更重要的是，若是你的履歷輕易洩露了公司的機密，這樣的行為也嚇壞你未來的可能雇主，因為哪天你不想做了，是不是又會用同樣的方法把公司機密洩露出去？你不但不能從中獲得任何利益，反而壞了自己在業界的名聲。

03 不要「說謊」

很多人為了要引起雇主的注意，而加入一些「善意」的謊言，尤其是對你的學歷、證照或工作經歷等，有些雇主（或獵頭公司）會在面試時檢視你的履歷。

不論是不是故意，只要是謊言就沒有所謂的善意或不善意。

更何況任何的謊言都可能讓你在面試時感到不安，一旦雇主發現你的履歷說謊，就算你再優秀，會讓你的信用掃地，進而失去未來雇主對你的信任。

更何況很多公司會在你入職之前，針對你的履歷進行所謂的 Reference Check 或盡職調查（Due Diligence），就是針對

你履歷上所寫的公司、職位去做一個查證。

就算你的謊言沒被戳破而順利取得工作，這些履歷還是需要經過檢視，一旦被發現說謊，輕則在雇主心中留下不良印象，重則可能失去工作。而雇主也可能要求賠償，更嚴重的後果是這個不良的紀錄將影響你下一份工作。

04 不要提供「不相關」的資訊

之前說過履歷的意思就是要簡明扼要，不要有太多和工作無關的訊息，因為太多的個人資訊並不能幫助你獲得面試的機會，相反地，一些與工作無關的訊息可能會有負面的影響。

1. 出生年月日：

如果雇主沒有特別要求，為什麼你要提供你的出生年月日？

事實上有些職位，雇主的潛意識想要雇用較年輕的員工，而你的年齡對他而言太過「資深」，或是年齡比未來的主管還大，人資部門「預期」可能會造成管理上的麻煩。

　　你可能因為「誠實」告知年齡，而連面試去證明你能力的機會都沒有，這些種種理由，都有可能扼殺你面試的機會。雖然，雇主還是可以從履歷中大約猜出你的年齡。

2. 身分證號碼：

　　完全看不出來提供這樣的信息對你的面試有多少加分的作用。有些特殊產業（如金融業）是要對員工做信用及身家調查，然而這也要等到雇主決定要雇用你時，才有需要提供更進一步信息。

3. 家庭成員、你的身高、體重等等：

　　你也許不相信坊間賣的履歷還包含了這些資訊，你的父母或兄弟姐妹和你要從事的工作無關，雇主對於你能做什麼比較感興趣，而非你的父母在做什麼，或你的兄弟姐妹結婚了沒。這些與工作無關的信息，不須也無須放在你的履歷中。

　　不能加分的資訊，絕不提供！

05 不要「重複申請」同一職位，或是不同職位但同一雇主

　　我們常常用同一個履歷表去申請不同的職位，但是就如同先前說的，針對不同的公司應該要「客製化」屬於這個公司的履歷。

　　當你發現同一個公司針對不同職位進行招募時，千萬不要同時申請不同職位，而是要仔細閱讀每個職位的職位描述，選取一個和你目前工作最相近或是你最有把握的職位來申請。

　　在同一家公司同時申請不同職位並不會增加你面試的機會，反而讓人覺得你不是對自己認識不清，就是只是隨機漫無目的發履歷，而不知自己的長處及未來想做什麼。

　　在還沒見到未來的雇主之前，展現「自信」是最佳的方式就是：同一雇主只申請一個職位，即使可能另一個職位更適合你，只是因為你尚未加入公司所以不知道，公司也可以在面試過程中調整，甚至未來加入公司後再用輪調方式調整。

　　以上是針對履歷中一些不必要，或是不可做的材料要從履歷中拿出來，你可以把我們前面幾篇所討論哪些要放在履歷中、哪些要從履歷中移除的項目再從新檢視，並加以修正。

　　下一個章節我們探討一個特殊案例，也就是在履歷中隱藏一些對你有利的「高大上」資訊，以圖獲得面試的機會。

教戰手冊──履歷篇：14 特殊案例：不要放「高大上」資訊

不把自己「高大上」經歷放在履歷上，是違反一般的認知的。

當年我第一次在倫敦找工作時，有一位獵頭曾對我說：這份工作對你來說是 Overqualified（資歷過高），當時我被這個詞彙給震驚了。我不能理解的是：我願意接受這份工作，哪怕是工作內容及薪資和我當時經歷不匹配，但我只是想要得到一份在英國工作的機會。

儘管已經據理力爭地試圖說服對方，但獵頭還是沒有邀約我進行下輪的面試。事後我也理解到即便我拿到工作也很有可能在短期之內跳槽，因此，沒有獲得工作反而對雇主及我都是好的結局。

但我們今天要討論的是特殊案例，如果你失業超過半年以上，在迫不得已的情況下你必須降低職位來獲取工作，但是你的履歷「資歷過高」，將成為獲取職位的「障礙」，這時要反其道而行，在履歷隱藏「高大上」經歷以獲取面試的機會。

從你的角度來看，你的各項資質都高於雇主的預期、你的資歷甚至超過所有的候選人，你願意降低自己的來做這份工作，雇主應該高興都來不及了吧？

不幸地，即便是這樣的工作，你依舊沒有面試的機會。

從雇主的角度來說，你的資歷和職位不相匹配也會產生管理問題。

首先，即便你願意在較低的工作職位及薪資下工作，這也是短期的，一旦你找到和你資歷相匹配的工作時，你馬上就會離開，而你的雇主為此又要開始召募其他人來取代你的工作。

其次，你的資歷會威脅你未來主管的地位，你願意從資深經理的職位降到一個普通職員的職位，不代表你的能力就降到如普通職員那樣，你仍舊還是具備了一位主管應該擁有的經歷與能力。

若你的主管召募你進公司，而你能力又比他強，薪水比他低的情況，難保他的職位會被你取代，這樣的情況你怎麼可能會有面試的機會呢？

　　通常我們不會勸人去做 Overqualified 的職位，但是如果你失業已經超過半年以上，而你急需一份工作讓你重回職場。

　　你願意屈就某一個職位時，你要重新檢視你的履歷，將一些對你有利的「特殊」資歷拿掉，例如這份工作只要大學畢業，你就把你博士及碩士的學歷從履歷中移除，在工作經歷的描述上也要力求精簡，留下職位描述所須的要求即可。

　　你的目的只有一個：取得面試的機會。

　　而且只有取得面試機會才有可能讓你得到工作！

　　當然你也許會問：目前經濟不好，很多工作都產生競爭激烈的情況，可能工作職務要求學歷大專以上，還不是一堆碩士申請等等。

　　關於上述的問題不是我們今天討論的主題，但是如果你很努力的申請工作卻一直沒有面試機會，有時反向思考也許對你的求職會有所幫助。

§

　　現在你已經完成了一個完美的履歷，通常你的履歷會先經過公司人資，或是獵頭顧問的審核，之後你的履歷才有可能送到你未來老闆的手上並安排面試。

　　下一個系列即是本系列的重頭戲，如何準備面試，所有取得工作的方法都必須透過面試才能取得工作，特別是在景氣差的時候，候選人之間的競爭更加激烈。因此要如何讓你能在眾多的競爭者中脫穎而出取得工作，將是下一系列的重點所在。

🎯 教戰手冊——履歷最終篇　履歷該投給誰？

當你辛辛苦苦的照著前面的步驟寫完了你的履歷之後，你的目的就是為了得到面試的機會，但你從來都沒有仔細的想過你的履歷應該寄給誰？

你也許認為這是個假命題。履歷不就是寄給公司負責招聘的 HR 或是獵頭公司嗎？

真的是這樣嗎？當你辛辛苦苦地依照我們前面的講法把履歷修改好了，卻也從來沒認真的想過履歷應該投給誰？

讓我們來回想一下找工作的整個環節：

首先，你要有個履歷來告訴人家你過去做了什麼，你有什麼強項是公司所需要的（如何寫好一份履歷，我們已經在前面的章節中告訴過你）；

其次，好的履歷必須要給到對的人才能事半功倍，履歷的目的就是為了取得面試的機面，有了面試的機會才有可能拿下工作。

那麼下一個問題就是：誰是對的人？

01　盡可能和未來的主管直接談！

想要找到工作，必須先取得面試機會，大部分的人都是透過履歷的方式取得面試的機會，如果能在一開始就可以爭取到和將來的主管直接對話的機會並獲得認可，後面其他輪的面試就會變得輕而易舉。那麼問題來了，如何取得和未來主管直接面試的機會？

親朋好友的推薦！
親朋好友的推薦！
親朋好友的推薦！

重要的事情講三遍！（平時有事沒事和朋友多唱歌、多吃飯，在這個時候就顯得特別重要。）

找工作最直接及有效的方式，就是利用你周遭的人際關係，利用「人情」來找工作！

如果你認識（或你朋友認識）這個職缺的職位主管，這種當然是最直接有效的方式取得面試的方式，但如果朋友的公司

正好沒有空缺或者也在裁員，雖然他很想幫你，卻也幫不上忙，這時候你只能尋求其他的方式來找到面試的機會。

也有很多人自己身邊有很多資源，但因為某種原因（面子、人情等等）而不願意動用這層關係去獲取工作。

雖然有人推薦是捷徑，但這是可遇不可求的，所以底下我們要聊一下怎麼為自己創造出捷徑。

02 Job Searching：工作搜尋

最好的情況當然是有直接管道接觸到未來的雇主，但不是每個人都有這種關係，或是如果你所認識的公司最近都沒有招聘的需求，這時候你只能尋求：

1. 人力銀行網站或相關求職APP：像是104、1111、LinkedIn等等；
2. 獵頭公司
3. 公司官網的求職頁面
4. 校園徵才博覽會（應屆畢業生）

這類型的工作通常會有一個詳盡的職位描述（JD），你只

要簡單的填寫基本資料再加上你的履歷就可以申請職位，流程快速簡易。然而就是因為太簡單了，你往往沒有仔細閱讀完JD，就直接按下了申請的按鈕，往往在一個小時之內你可以輕鬆申請超過二十個以上的職位，然而這會衍生了兩個問題：

1. 你可以一個小時之內申請超過十個（甚至二十個）職位，那表示別人也可以這麼做；衍生出來的問題就是，公司的HR或獵頭公司的顧問將收到成千上萬的履歷；

2. 由於你快速的申請，甚至連JD都沒有仔細的看過一次，履歷沒有針對職位的需求而做修正，人資部門或獵頭顧問很容易利用一些程式或軟體，將那些不符合重要關鍵字的履歷刪除，也就是你的履歷有可能從來都沒被打開過就直接進了垃圾筒中了。

一般來說，如果你是採取「大量申請」的方式到這些求職網站申請工作時，不要忘了這些專業的人資及獵頭顧問也是會用科技的手段過濾掉那些他們認為不適任的人。

首先你必須了解獵頭顧問及人資的心態，你的履歷再好，如果方向錯誤，是很難拿到面試的機會。

潛規則：如果你的履歷表是直接投給獵頭公司或公司人資部門，跨領域的機會低，他們只會找有相同經驗的人。

　　所以你必須先了解自己，了解市場。

　　了解自己：要梳理你自己的優勢及職業發展方向，以及你想要找到的工作的類型。

　　了解市場：抬頭看，看看他們（雇主）都在請什麼樣的人？你要盡可能多的獲取相關行業和職位描述，並加以分析對比。

　　最後，準備好你相對應的履歷，針對不同的職位設計出不同的履歷。那時你將會知道履歷要投給誰，該怎麼投等等。

面試篇

教戰手冊──面試篇：面試第零章

面試檢查表 Check List

幸運的你如果接到通知明天要面試了，這就是為什麼你現在翻開這本書的原因。

那你該做什麼準備？

你可能沒時間、也等不了我們後面的分享，那麼請依著底下的八大項目檢查表（check list）逐一的練習，臨時惡補一下……

1. 準備好屬於你自己的故事	⇨自我介紹（講重點）：很多面試官在面試前沒有看過你的簡歷，要在一分鐘就要吸引面試官的注意，並定調本次面試的方向。
2. 做好事前調查，了解應徵工作職位的性質與公司的背景	⇨重新審視職位的職位描述（Job Description） ⇨到公司網站了解公司經營項目、公司文化、在產業的定位與經營者的經營理念。

3. Google 一下你的面試官	⇨了解面試官的職位、背景大概可以猜出他們在面試時會把焦點放在哪個領域。 ⇨ 利用社群網站：LinkedIn、Facebook、或是 IG 查出公司 CEO、主管們的相關背景。
4. 為什麼你「選擇」要面試的這家公司？	⇨為什麼你要到這家公司面試？ ⇨面試的這家公司吸引你的地方在於哪裡？
5. 公司為什麼要錄取你而非其他人？	⇨你的優勢──公司非要你不可！
6. 準備好面試最常問的十個問題	⇨了解「答題」的要領，先準備一定贏過面試再想的競爭者！
7. 準備最後一個問題	⇨換你面試面試官，一定要準備至少三個問題問你的面試官。 ⇨一針見血的問題──讓面試官留下深刻印象！
8. 再看一次你自己的簡歷	⇨圈出三個你自認最強的優勢。 ⇨請相信你自己（必要時要進行自我催眠），並在面試時主打這三個強項！

　　照著上述八項的問題逐一的練習（不要忘了，面試是要眞

的「講出來」）並快速查取相關的數據，並在講的過程中用手機錄製下來；一方面是了解自己的邏輯架構，另一方面則是訓練聲調及語氣，在反覆的練習中，把大綱寫在紙上，並在隔天面試的前三十分鐘再練習一次。

可想而知，這樣的臨時抱佛腳的練習，雖不能達到一百％的準備，但也足以應付第一階段的面試而進入下一輪的挑戰！

如果你還有時間準備，或是你根本不知該如何準備（例如，「如何在一分鐘就要吸引面試官的招式」、「該如何準備面試最常問的十個問題」等等），那麼就請跟著我們一起來練習！

最後我們在這裡祝大家心想事成，如果你明天的面試不順利，也千萬不要灰心，要知道每次的面試都是下次面試能量的累積，當你累積到一定程度之後，也就能找到心目中理想工作了；如果沒有得到這次面試工作的 offer，表示更好的機會在後面等著你！

教戰手冊──面試篇：1 面試是一門藝術

我們前面花了很多時間討論如何寫一份動人的履歷，從如何說故事，到履歷那些要有的因素，以及那些千萬不能寫在履歷之中的東西。

依照我們的建議，你絕對可以製作一個漂亮的履歷。

但是，好的履歷只能幫你取得面試的機會。

真正要取得工作，還是需要通過面試的考驗。

而面試所要面對的挑戰要比履歷更加嚴峻。

§

當你接到公司人資或獵頭顧問或通知你面試並約定面試時間。

恭喜你，你向取得工作的路程中邁進了重要的第一步。

但是請記住，你至少要留一天以上的時間，準備下列三件

事情：

　　1.再次研究該公司、該部門及該職位（或工作內容）；

　　2.準備問題並模擬回答；

　　3.練習、練習、再練習。

　　在我們談及任何面試技巧前，首先要調整心態；因為，面試是一門藝術。

　　面試就是一個推銷的模擬情境。

　　想像你就是個業務，產品是你自己，因此你要先了解你的顧客（面試官）想要什麼，集中火力展現出最好的一面給你的顧客。

　　你非常有可能過度推銷；就是你沒有這個實力及能力，但你用特殊的話術讓面試官認為你能夠勝任這個工作（關於過度推銷的問題稍後專章討論）。

　　當然還有一種可能，面試官在聽了這麼多的面試者的過度推銷之後，他們也麻木了，任何誇張的描述都無法激起他們的熱情。

因此，在這面試中明白你的位置，你就可以立於不敗之地。

底下有幾個原則及觀念要加以運用，你就可以成為面試的藝術家。

01　展現你的熱忱

面試的當下要先做好心理建設後才進會場，通常在進會議室之前先到洗手間一趟，對著鏡子告訴自己「你是最好的」、「加油」等等激勵自己的話，帶著滿腔熱忱進入面試會場。

不論是集體的面試，或是一對一的面試，展現出自己對這份工作的渴望，讓面試官在眾多的應試者中留下深刻的印象。

所以面試前一天一定要有充分的睡眠，如果前一天因為緊張而沒睡好，那也在面試前喝杯咖啡或是提神飲料，務必在面試的那三十分鐘到一小時的時間內時時保持你對這份工作的渴望與熱忱。

02　心態

面試是雙向的溝通過程，你也同時在面試你未來的老闆。

面試之前你要有一個正確的心態，面試是一個雙向溝通的過程，除了你未來的雇主要看你的能力，以及如何爲公司帶來利益，能否能夠融入團隊等等。

從另一個角度來看，這也是你的機會來「面試」你未來的主管及上司，他們的處世風格、專業程度、以及這家公司的文化是否讓你也認同，除了公司有權力和你 say　NO，你也擁有權力和他們 say NO。

一旦調整好了心態，面對面試官才能不卑不亢，進退有度。

既然是雙向，除了面試官問你問題之外，你也必須準備好問題來問你的面試官，也就是一針見血的問題，這會讓面試官留下深刻印象。

如何準備一針見血的問題，後面將會討論。

03　做自己

Be yourself。

　　做自己，但不放縱自己，如果你個性外向卻要申請財務會計或出納等需要穩重或內性一點的工作時，你要說服面試官的是你注重細節的工作表現。

　　如果這是一個需要面對客戶的職位，而在面試的過程中表現的唯唯諾諾，可以肯定的是，面試官可能就會判斷你的個性不適合這份工作。

　　這裡的做自己是指「做工作中的自己」而不是生活中的自己。

　　一般自我可以分為兩種：一種是「公眾的自我」，也就是一般大眾所認識的你，與「私下的自我」，一種真實不帶隱藏的自我。

　　所以一個好的業務私底下可以是內向的，但在工作中他必須要能夠和人溝通，熱情地與客戶互動，與人建立長久良好的關系。

　　因此在面試的時後，你必須告訴面試官你可以勝任這個工作，表現出「公眾的自我」（或是工作時應有的自我），而不

是私下的自我，因爲，沒有人會在乎你假日時是不是整天宅在家中，公司只在乎你能爲公司帶來多少業績。

04 應對進退

這裡指的應對就是一般的面試中的問與答。

雖然我們在後面會有很大的篇幅討論如何準備面試時的問題，這裡要和大家分析的是在面試的過程當中，如何與面試官應對，以及如何主導整個面試的過程。

首先，永遠記住這點面試還是要由面試官來主導，或者是「看起來」像面試官主導。

對面試官的尊重是必要的。因爲他是決定你是否有下輪面試的機會，或是能否拿到 offer 的決策者。

面試官要問的問題可能有一些是已經決定了，但也有可能他是完全沒準備就被叫進會場的，因此，你的回答要導引面試官往你所設計的問題方向來走。

例如你應徵的職務描述提到了供應鏈，而你過去正有這方

面的經驗，就算面試官沒有特別問到你這方面的經歷，你在回答問題的時後可以順便帶過：

過去在從事跨境供應鏈金融（其實就是貸款給出口供貨商）的業務時，也曾經遇到這樣的問題……

這裡面你提到了幾個關鍵詞：「跨境」、「供應鏈」、「金融」，這樣也方便面試官把問題的方向導到這個領域來，這樣的好處在於：

1. 這些都是你有把握且「準備好答案」的主題，回答起來會更得心應手；
2. 給一個明確的面試方向，對於那些沒有做任何準備就來面試的面試官特別管用。

最後，要注意的回答問題的長短。

大方向來說就是要抓重點回答，長話短說，不需要把不相關的事情交代太清楚。

但也不能每個問題用三句話就結束，如果有時你不知道是不是說太多，你也可以問對方：「我還要繼續說嗎？」或是「我

最好說到這裡就好了。」，如果面試官要你繼續說你才繼續說，不然就將這個問題結束。

05 注意音調、肢體語言及眼神接觸

除了我們的說話的內容之外，下面有三個東西要特別註意：

首先，聲音大小：講話若音量太小會讓人覺得沒有自信的感覺，但若是聲音太大則會讓人有不舒服的感覺，適度的音量以面試官聽得清楚為準，來展現你的自信。

其次是聲調，如果你天生的聲調就是高音，那你要嘗試著把音調降下來，因為長期在高頻聲調的會議上會讓人不舒服。

第三是講話的速度。講話太快會讓人聽不清楚，顯得缺乏自信，適度地把速度降下來，一方面讓面試官聽得清楚，另一個優點是可以幫助你思考下一步該如何回答。

我們往往忽略肢體語言，特別是不好的肢體習慣，像是抖腳、甩筆、玩頭髮、手指敲打桌子等等，這些你不自覺的動作中，顯得你緊張，不自信。

最後，眼神要與面試官接觸，當你回答問題時卻將目光移向角落或地面時，會讓人覺得你在說謊或是沒有自信。

06　服裝

面試時永遠著正式服裝。

如果有時間，你可以到你要面試單位的辦公室附近看大家穿衣的風格，若沒有時間一一探究，深色及白色是永遠不會錯，襯衫記得要熨平，頭髮梳理整齊，深色鞋子，記得要將所有拉鍊拉上，手機關機。

記住上列的幾個原則你已經整裝待發，但光準備這些是遠遠不夠的，下面我們會有系統的介紹你在面試前要準備的事項。

教戰手冊──面試篇：2 面試的第一個問題：自我介紹

這是一個每個人都知道的問題，但你會驚訝的發現，超過一半的人沒有事先準備自我介紹，或者正確的來說，很多人沒有事先「設計」自我介紹，大部分人都是臨場隨機準備，而喪失先機。

接下來，讓我們來談談你該如何準備自我介紹？

你一定很驚訝如果你了解有一半以上的面試官在面試前並沒讀過你的履歷。

而這一半的面試官不但在面試前並沒有看過你的履歷，或甚至到面試結束後也都沒看過你的履歷。

依過去的經驗，只有五十％面試官（主要是你未來的直屬主管及 HR）會在面試前讀過你的履歷，另外五十％的面試官都是在進會議室前才能拿到你的履歷。

但這並不是意味著有五十％面試官不認真，而是很多時候他們只是來「幫忙」你未來的主管「看一下這位未來員工」，

並給予一些反饋。

　　筆者就曾有好幾次，在最後一刻被告知幫忙「看」一下這位求職者，自然也沒時間看他們的履歷。

　　即使你遇到上述的這種情況，仍需要記住，他們的意見在最後還是扮演著重要的角色，特別是 HR。原因是：

　　1. 他們仍有建議權，一旦出現有競爭者，他們的意見可能就成為成敗的關鍵。
　　2. 公司也有可能作組織改組，這些不是「直屬」面試官都是你未來同事或主管，利用面試機會建立第一印象也很重要，他們將來有可能比現在直屬主管親近，甚至可能變成你的直屬主管，所以不可輕忽。

　　我也曾經聽說過直屬主管非常喜歡的求職者，最後被人力主管否決的案例。

　　不論面試官有沒有在面試之前看過你的履歷，所有的面試都是始於你的自我介紹，而你要能夠把握住關鍵的五分鐘，從而導引整個面試的方向：

記住：

1. 故事的開始一定要從最近且最相關的開始說起；
2. 只講「重點」。

先前所提及，很多面試官是在面試的前一刻才拿到面試者的履歷，因此要主動掌握面試主導權，在面試官還未進入狀況前，「幫助」面試官把面試導向對自己有利的局面。

所以「介紹自己」是一個最基本問題，不論你從事是何種行業，你要有能力在很短的時間內把自己介紹給面試官，而內容的設計要足以引導面試官提出你已經「準備好」的問題！

要在前面的第一分鐘就能吸引到面試官的興趣，須掌握幾個要點，並把五分鐘的自我介紹分成下列三點段落：

1. 開始說故事（一分鐘）

故事就從你現在的工作開始說起（或是你前一個工作；取決於哪一個經驗和現在求職的性質更相近），一分鐘的時間說明你現在的職位及所從事工作的主要內容：

目前在公司擔任採購的業務，主要的工作內容為負責聯繫供貨商，比價，協商付款日期，價格談判等等，在這份工作中我主要負責建立比價機制，提供規格、與供應商議價、討論付款日期等等……

2. 引導面試的方向（偏重自己過去強項；二分鐘）

在描述自己的經驗的過程中，特別注意與這份工作職務描述的關聯。

一般來說，你要把工作描述的幾個重點圈出來，在回頭看看自己是否擁有這個工作的經驗及所需的技能。

選定其中一到兩個，集中火力，說明自己過去在這個領域的相關技能或經驗。導引面試官在自我介紹完了之後，針對這個部分做一個深入的交流。

這麼做有兩個好處：

A. 導引整個面試的方向是你熟悉的領域，這也會讓你在面試的過程中比較有自信；

B. 幫助面試官打開話題（特別是如果面試官是臨時被叫進去幫忙看一下應試者）。

　　如果這份職位特別要求管理經驗，雖然你可能目前沒有真正的向你匯報的同事，但你曾經經手的項目中，要負責協調各部門的主管並對外和服務商溝通協調業務，你就可以將這個部分視爲溝通協調及管理項目專案的經驗。

3. 舉幾個實際的例子（二分鐘）

　　一般的工作描述都會提到期待應試者的相關技能或經驗，你必須準備至少兩個實際的工作經驗，一個是硬技能（hard skill）：與工作相關的經驗，另一個是軟技能（soft skill）：像是領導統御、或是協調合作等等。

　　記住，只有在講你自己實際的經驗時，你的身體語言自然會表現出眞誠及自信，而從實際例子中也可以讓未來的雇主更有信心你未來在這家公司的表現。

　　這邊要提醒所有的求職者，一次好的面試時間大約四十五分鐘到一個小時之間，時間太短或太長都不好。

　　低於這個時間表示面試官對你沒有興趣。

　　面對同一個面試官，千萬不要多於一個小時，因為很有可能你聊到忘我了，分寸沒掌握好，說了不該說的話而前功盡棄。

　　要記註，你是來面試的，主要的目的就是爭取下一關面試的機會，或是拿到 offer。

　　想要打好關係或交朋友，可以等到入職的時候再聊。

　　總結地來說，面試官並沒有太多時間來聽你的家族史（或血淚史），因此你的自我介紹要簡明扼要，依照上述的方法，好好地練習。

　　一個好的自我介紹，不僅讓你能掌握面試的流程，也能讓你優先取得百分之五十的錄取機會！雖然自我介紹看似簡單，但仍需要謹慎準備並多加練習。

教戰手冊——面試篇：3　面試的前一天應該做什麼？

我們前面討論面試前該有的心態，以及如何準備自我介紹，總結來說就是要建立起你的自信，不卑不亢、以平靜的態度去面對才會有正常的發揮。

接下來，讓我們來談談面試的前一天你應該做什麼準備？

01　認識你未來的雇主

1. 了解公司的背景，包含公司經營方針、公司文化、在產業的定位與經營者的經營理念。

如果你過去和這家公司打過交道，這樣的關係可以幫助你更了解這家公司的營運情況。

若你對這家公司完全不了解，那你必須花一些時間去了解這家公司的背景、你為什麼想進這家公司？你能為公司帶來什麼貢獻？（在面試之前你一定要想清楚這兩個答案）。

再次確認公司的要求和公司的文化，若能知道面試官的姓

名，上網搜尋公司　CEO 及面試官的過去經歷、公開演講等等，以便心中有個底。

公司文化的部分則要依照公司的背景特性進行選擇：表現積極或保守低調。

一般而言，歐美背景的公司強調個人主義，亞洲背景的公司通常不喜歡太過強調個人主義，而比較偏向集體主義（這在日商公司特別明顯）。

2. 搜尋面試官背景

一般的情況下，你可能不知道面試官是誰（除非你是應徵中、高階主管職位），這時你查一下應徵單位的組織架構，了解該單位在公司所扮演的角色；

如果情況許可（例如面試已經到最後一輪的部門主管時），能在面試前了解面試官的學歷、背景，過去任職的公司、職位，以及參與的專案等等，都會是加分的動作，大概就可以猜出他們在面試時會把焦點放在哪個領域。

3. 對這個職位的了解以及未來要負責的主要工作，重新把

職務描述再拿出來讀一次！

我們曾經多次強調職位描述的重要性，如果你連要來這家公司做什麼都不知道，那你怎麼說服面試官你是最佳的候選人呢？

對於職缺應該有的職掌一定要充分了解，並要準備你為什麼足以勝任這份工作的理由，因為這會是面試之中的必考題！

02　準備面試「考古題」

當你調整好心態、準備好你個人的五分鐘自我介紹、對應徵公司的背景有充分的理解之後，接下來就要準備面試的「考古題」。

面試的過程中會有一些常見的問題，這個和考試一樣，你必須先準備好你心中的答案，特別是一些比較「負面」的問題，如果你沒有事先準備好答案，臨場發揮通常會產生不好的效果。

面試時通常會出現什麼樣類型的問題？

　1. 專業的問題（和這份職位相關的專業問題）

　2. 非專業的問題（像是領導、創新、管理等等）

3.難搞的問題

關於第一類專業的問題，這個部分是日常工作中所處理的專業問題，回答的要領就在於你對目前應徵工作職務的了解，這個硬實力沒有任何投機技巧。

若你找的工作是跨領域，則要自己私下做足了功課，問問這個領域的專家，或是網上搜尋等等。

千萬別忽略非專業及難搞的問題，如果大家在專業的領域不分上下，甚至你的專業能力在其他候選人中不是最高的，這部分的回答則可以幫助你打敗其他候選人，取得工作。

下面的幾個章節中，我們將針對面試中最常出現的十個問題，提供給大家參考。

你若是提前準備好這十個面試最常見的考古題，你將事半功倍，增加取得工作的機會，所以你一定要先準備好！

在這十道考古題中，我們會例舉相關類似的問題、問題背後的目的，以及答題技巧，希望你能透過反覆的練習，進而在面試有從容不迫的臨場表現。

教戰手冊──面試篇：4 面試考古題系列一：與申請工作相關的問題

接下來的系列，我們收集了面試中遇到的十個常見的問題，這些問題表面看起來沒什麼的特別，但是要回答的妥當，還是需要事先準備的。

要知道在面試的當下，就算面試經驗再怎麼豐富的人，難免都會緊張。如果你可以掌握面試開始前十五分鐘，你後面的自信就足以給面試官留下好的印象。

面試的前十五分鐘的主要內容大概會是什麼呢？

一般來說，開場白的自我介紹，從自我介紹中衍生的問題、專業性的問題，以及面試中常見的十個問題中的問題。

若你能先準備好面試中常見的十個問題，至少已經準備好了五十％以上的面試問題，把精力放在其他不可預期的狀況或題目，你就會比別人多至少五十％以上的錄取機會。

問題一：與你所申請職位相關的問題

1-1：簡單描述一下你所了解這個職位的主要業務？

1-2：你對我們這家公司了解多少？

1-3：你如何在錄取後的三個月內獨立作業？

我們在前面的系列中曾經多次提到熟讀職位描述的重要性。

這是一個面試的必考題，事實上很多人在面試前並沒有仔細好好的準備，不但對未來的工作職位的主要職責不了解，也講不出你未來要從事的工作內容，更不用提對公司的使命、方向進行了解。

在這個情況下想要拿到工作也就難上加難了。

其實準備這一題的答案並不困難，這是一個基本問題，你需要在進入面試前要充分了解，並且明白你未來的職掌。

也許你不相信，很多求職者，絕大部分的人說不出完整他要面試職位的工作職掌，試問，你未來的工作要做什麼都不知道，那麼你怎麼確定他對這份工作有興趣？

對於這種問題，要掌握下列幾個重點：

A. 熟讀職位描述，把重點及相關專有名詞部分圈起來；

B. 對於不了解的東西，先上網查清楚，或是問朋友、同事；

C. 如果有認識的人在該公司服務，在面試前最好先問清楚公司情況；

D. 熟讀職位描述與自己工作經歷相關的部分圈起來；

E. 將職位描述仔細想清楚自己過去經驗、專長，如何將這些有價值的經驗與專長結合公司職位的需求。

這個問題是在你面試前一定要先做功課準備，你的心態應該是：「既然要參加面試，就一定要有被錄取的決心。」

如果對公司沒興趣，就不要參加面試，不但浪費你的時間，也浪費面試官的時間。

既然有必錄取的決心，自然要對未來的雇主有一定程度的了解。否則如何說服別人你對這份工作感興趣呢？

在準備這些問題時，你大可以從幾個方面著手：

1. 公司沿革／公司發展目標（大方向）；

2. 該公司／部門的發展／需求；

3. 現在的市場定位；

4. 未來發展策略。

　　所有的資訊可以透過公司的網頁，專業的求職網站，或是熟悉該領域或公司的親朋好友中獲取。

　　在關於第三個問題上，如何在三個月內上手的問題，除了你的專業上技能、上網搜尋、問朋友及專業人士外，你要強調與其他部門溝通協調（Team Work），強調 Team Work 並把自己過去經歷加以描述，會是加分項目。

　　最後，如果事先可以得知面試官的姓名，也可以去查一下面試官過去的經歷，你可以從他過去的經歷來猜他的專長以及可能會問的專業問題。

教戰手冊——面試篇：5 面試考古題系列二：負面的問題

一般人遇到負面問題時候特別容易手足無措，尤其針對一些敏感的問題，例如被裁員、頻繁跳槽，或是年齡等尷尬問題的時候。因此，準備好下列的答案，你就可以從容應對。

下面是幾個負面的問題你可能會遇到的：

問題二：裁員、跳槽或年齡等相關的問題

2-1：你爲什麼被裁員？

2-2：爲什麼你頻繁的跳槽？

2-3：你了解你自己想做什麼嗎？

2-4：你已經超過三十五歲（或四十歲）了，爲什麼還在找不同領域的工作？

1. 關於被裁員的問題

如果你是被裁員而失去工作的，在面試中千萬別說謊。

如果面試官問你了，你要想想看要用什麼角度來回答這個

問題，因為雇主也會透過他們的管道去了解真實情況，說謊並不能幫你解決這個問題。

若你是被裁員而且找工作已經超過三個月了，這時候你要想一下要怎麼說服面試官你是可以被信任的人選。

首先，要先解釋為什麼被裁員的問題。

每個人被裁員的理由都不盡相同，如果是整個部門被裁，這個比較容易解釋成大環境的因素。

但若是部門只有你或少數人被裁，或是你是這個部門的負責人，這個時候就必須要有一個合理的解釋。

盡量不要把被裁的理由歸咎於政治鬥爭，因為那只是讓人覺得你不夠專業去解決和人之間的關係，畢竟辦公室政治是每個公司都有的，你在上一個工作中不能處理，在未來的工作必然也是無法勝任的。

所以總結被裁員的問題時，若是大環境不好，就說公司必須減少支出來度過難關。

　　若公司只有少數人被裁，就說這是公司在面對未來嚴峻的經濟挑戰時，所做出的組織架構調整，而你也了解並同意公司的處境（雖然你不一定理解或者是不愉快的離開）。

　　千萬不要在面試時抱怨，或表現出對前雇主的不滿。這只會扣分，未來雇主也會有所顧忌。

　　如果你失業超過三個月以上，接下來你要準備說明為什麼這段時間找不到合適的工作？

　　一個比較合理的說法是，在你離開這份工合作之後，你花了一段時間好好的總結了過去幾年的工作心得，花了點時間和家人相處，彌補了過去幾年工作加班沒有好好陪陪家人的遺憾。

　　在此同時，你也找了一些行業外的專業人士（這裡指的是獵頭顧問，因為你幾個月都找不到工作了，但這裡你不用說，而且你也沒說謊），以及還在這個業界內工作的親朋好友諮詢，沉澱了心思，你現在已經燃起鬥志可以重新開始工作了……

2. 關於頻繁跳槽的問題

　　跳槽的原因很多，如果你是因為和同事，主管處得不好的

情況，「誠實」告知乃為下下之策，就算你有千百萬的理由，雇主也會有所顧忌。

所以你應該用不同角度來談這件事，一般比較安全的說法是：公司的發展和你的職涯規劃不同……。

公司的未來發展與個人職場發展方向不同，或是組織相對來說比較沒有彈性、對創意或創新不足，個人希望能接受更多挑戰等等。

但這是一體兩面，你需要了解未來雇主和現有公司有何不同，針對不同部分，提出你的理由。

在面試之前，一定要先問自己，為什麼要換工作或轉換跑道，當然有很多原因是不適合在面試中「誠實」告知。

如果你跳槽的原因是因為薪水太低而不願意待在這產業，這時誠實告知未來雇主，雇主可能會想幾年過後你也許會用同樣的理由離開，因此誠實告知是非常不智的。

所以，可以利用工作上的例子，說明未來的這個職位或行業的挑戰性較大（這也是事實，通常待遇高的行業，相對性挑

戰也較高），而你想接受這樣的挑戰。

3. 關於是否了解自己以及轉換領域的問題

這個問題和前面跳槽的問題有些類似，掌握答題的關鍵在於你對你自己有一個明確的職涯規劃。

例如說：你提及到轉換領域這件事（同時你必須準備了一個很好的理由來解釋原因），那麼面試官一定會追問你為什麼轉換領域，若沒問，你自己則要自問自答：

你也許會問（自問自答，因面試官根本沒問），我為什麼要轉換領域？

自從接下了×××計畫後，負責所有對內聯繫及對外溝通的工作，這個專案讓我學習到如何和不同的工程技術人員溝通，而在過程中，我也學習到如何運用管理工具來幫助計畫的進行，並在預定的預算及時間內將該案執行完畢，公司因為這個專案，業績達三位數字的成長。

在這項專案中，我發現項目管理是一門很專業的工作，並且充滿挑戰，以我工程的背景可以清楚了解到工程師的需求與

想法，讓專案可以順利推動與發展。

但是公司在這專案之後，在可預計的三年內並沒有類似的計畫可讓我發揮與學習，這是為什麼我要轉換領域的原因……。

4. 關於年紀的問題

相對於歐美，亞洲對「年齡」的成見是比較不友善的。對於年紀超過四十歲以上的（有些行業甚至不招聘年紀超過三十五歲），姑且不論是否合法，市場對於一些較資深的求職者比較不友善。

因此，關於年紀，資深的求職者必須要理解如何與有一套自己的說詞，我曾經遇見一位求職者，他有著高管的經歷（某華爾街銀行的管理董事 Managing Director，MD），面試他的時候我告訴他：公司（那時我在一家東南亞的金融科技公司就職）無法支付像銀行高管的薪水，以他的經驗我們也許無法聘請他等等，然而他卻很坦然地說：「我已經完成了人生的上半場，現在兒女長大了，我想要進入人生的下半場，所以金錢及職稱不是我目前所考慮的，我認同公司的遠景，想來實現自己人生的下半場……」

　　將自身的「劣勢」（薪資高、年紀大）用實現「人生的下半場」來說服面試官及老闆，的確是很有說服力的說法，後來他也順利進入公司成為我的同事。

教戰手冊──面試篇：6 面試考古題系列三：難搞的問題

另外一個一定要在面試前準備好問題就是：你的優缺點

對很多人來說，講自己的優點很簡單，但是你若回答的不好（正確的說，你沒有針對應徵的這個職位「設計」答案），你的說辭很可能淪為自說自話，自我吹噓的境界。

如果面試官問你缺點時你又沒準備，在面試的當場才臨時發揮，這絕對會讓你手足無措，甚至給自己挖坑。

所以面試前一定先想清楚下列所有的問題：

問題三：難搞的問題

3-1：舉例說明你的優勢及劣勢？

3-2：例舉你的三樣優點。

3-3：例舉你的三樣缺點。

1. 關於你的優勢、優點：

　　一般人會認爲講述優勢比較簡單，但仍要注意不要太過於吹噓，並輔以實際的例子做爲佐證。

　　一般而言，你可以從下面兩個方向來談論你的優勢：

　　1）你專業上的優勢；

　　2）你的軟實力（Soft Skill）：像是團隊合作（team work），領導力（leadership），以及影響力（influence）。

　　專業上的能力在先前已經討論很多了，而且你可以在眾多的求職者中取得面試的機會（有些熱門的職位，你取得面試的機會可能不到百分之一），表示你的專業能力已經有一定的水準。

　　在講述你專業能力時，請簡明扼要，並用實例來證明你的優勢。

　　例如，你的專業是專案管理，那就舉一個你所管理專案的成功案例做爲證據。

　　另外，如果你應徵的職位處在競爭激烈的產業，你可能要把一半的重心放在非專業的優勢上。

在競爭激烈的產業，所有的應徵者的專業能力皆在伯仲之間，能夠讓你脫穎而出取得工作的主因素，取決於你的非專業能力，這個包含你和人的相處模式，如何領導或影響別人，而能將專案計畫落實且真正的執行。

軟實力的首要在於團隊合作（team work），一個能力再強的人，如果不知道怎麼和大家合作，他手頭上的事情注定是要失敗的。

所以強調團隊合作的重要性與經驗是你在面試時不可忘記的要素。

試想，如果你是面試官，你會去雇用一個能力強的人但無法跟人合作協調的人，還是會去雇用一個能力還可以，但擅於組織協調並具有執行力的人呢？

很明顯地，一般公司的用人哲學都會選擇後者，因為公司是一個集合眾人共同完成目標而獲取利益的地方，能力固然重要，但是完成目標才是公司生存之道。

2. 關於你的劣勢、缺點：

關於劣勢、缺點的部分，這是一個很大的陷阱，要小心應對，千萬不能太誠實，但也不能太虛偽。

如先前所說，面試就是一個小型的產品展售會，我們都會將最好的一面表現出來，而隱藏不好的一面，所以如何在短暫的一個小時之內，了解到應徵者的真實情況，這個對於雇主來說是一個極大的挑戰。

這也可以解釋為什麼公司都要有一個三個月的試用期，因為雇主一旦發現你說謊或是你的能力不能勝任這個職位時，公司就可以把你解職。

因此，讓你自己說你自己的缺點（或任何你工作上的弱項）可幫助面試官了解你是否適合這個職位。

這是一個複雜的問題，你不能說你沒有缺點，同時你也不能「太誠實」跟說你真正的「缺點」，因為很可能因為你的「誠實」而你就失去這份工作機會。

例如：如果你說你最大的缺點是粗心或是沒耐心等等，假如這些這缺點正是這份職位最大的致命傷，例如你應徵助理或

是專案經理的職位，而他們需要的是一個有溝通協調能力的人，而面試官就可以輕易用這個理由來拒絕你。

很多人會建議你遇到這個問題時，要提一個不痛不癢的缺點，而最好是從其它角度來看正是「優點」的「缺點」。例如：

> 我最大的缺點就是把工作和休閒常常分不開來，常常在休假時，還在想工作的事，這對我的家人和朋友不公平，所以我嘗試著將工作和休閒分開，也唯有適當的平衡，我相信我可以提升效率。

這種回答有時對於比較「仁慈」的面試官也許有用，但千萬必須小心，這種把你的優點說成缺點，面試官可能會認為你不誠實回答，或是對自己了解不清，而產生非常負面的印象。

另一個規避這個問題的方法就是找一個真的缺點，但這個缺點和目前的工作無關。

舉個例子來說，你因為創業失敗重新回到職場，你想要應徵產品經理的職位，所以你的缺點要和產品經理這個職位無關，因此你可以說：

> 在我創業的時候，我其實是一個不稱職的 CEO，因為我覺得

一個好的 CEO 必須具備下列三項能力：一、召募最優秀人才；二、凝聚團隊共識；三、募資能力。我個人覺得前面兩項我做得非常好，但我卻在第三項募資的地方失敗了，這是我個人的弱項，我雖然找到了一些天使投資人，卻沒辦法說服機構投資人對我的項目進行投資⋯⋯

這樣的回答有兩個優點：

A. 你誠實的回答了你的缺點，沒有隱瞞；

B. 你同時告訴了你未來的雇主，因為募資的致命缺點，短期內你會乖乖地待在這個職位，而且你的前兩項優勢（人才及凝聚團隊共識）對未來這個職位有加分的效果。

但是必須注意，上述的說法也許適合產品經理這個職位，但如果你是應徵商務擴展經理的職位時，上面的例子就可能不適用。

因為商品通路擴展的本職就是說服別人，而你的缺點正在「說服」的這件事上，上述的例子只會暴露你不適任這個職位，幫助面試官找到不錄用你的理由。

另外一個回答正是筆者自己的親身經驗：

當時我在倫敦投行從事股權衍生性商品（Equity Derivatives）兩年，正要跳到另一家銀行的信用衍生性商品（Credit Derivatives）部門，雖然說都是衍生性商品，但產品是完全不一樣，而且該職位是一個管理職，面試官覺得你還不錯，但沒有這個產品或領域的經驗，這個讓大老闆猶豫不決……

知道老闆的不確定來自來我的產品經驗，於是我告訴他：

我雖然沒有經手信用衍生性商品這方面的經驗，但沒有人生下來知道什麼是信用衍生性商品。……

我已經在前一份工作證明，在沒有相關經驗下，利用我學習的能力，很快上軌道並融入團隊之中，並且成為團隊的核心幹部。

所以我有信心在三到六個月之內上手，並且能和團隊相處融洽。……

結論：一定要針對不同職位來「設計」你的缺點，不同的職位要求不同，你的缺點也會有所不同。這個題目沒有答題技

巧，就是要「超前部屬」！

最後提醒，你至少要準備三個以上的優點及缺點，因為面試官可能要你說出三個優點及缺點，而你不能只回答一個！

教戰手冊──面試篇：7 面試考古題系列四：為什麼你要加入我們？

我們前幾個聊了一些比較有爭議性或是負面的問題，今天我們要聊聊另一個面試中的必考題：你為什麼要加入我們（公司）？或是，你為什麼要離開現在的公司？

問題四：為什麼你要加入面試公司相關問題

　　4-1：為什麼你要加入我們？

　　4-2：為什麼我們要雇用你？

　　4-3：你離開公司的理由？

1. 為什麼你要加入我們

這個問題也是必考題之一，首先你要很清楚為什麼你要加入 A 公司，而不是 B 公司或是 C 公司？

你的內心獨白～～～

　　因為只有 A 公司給我面試的機會，而其他兩家公司要不是沒有相關職位，要不然就是沒有面試機會。

但是你絕不能這麼和面試官說，換句話說，你必須有一套說詞來說服面試官爲什麼你要加入 A 公司。

如果你連爲什麼要加入這家公司都不知道，怎麼說服別人你有強烈的企圖心想要爲公司貢獻，那雇主又爲什麼要雇用你呢？

你的苦在於你不能說出上面的事實：因爲你如果誠實說了，雇主會覺得也許你沒有那麼好，或是你有什麼缺點是其他兩家公司看出來而他卻沒有發現的？

因此在這個時候，你必須把先前你對公司及職位的研究拿出來，找出至少三個你想加入的理由，準備好。

首先你必須先強調你了解這家公司，以及這家公司的特點，並且對於未來的職位有一定程度的了解（這個是最基本，熟稔職位描述是最主要的功課）。

想想看你如何爲這公司服務，以及貢獻你的專長幫公司帶來利益，如果你能把這個理由想清楚了，被錄用的機會就增加許多。

另外，還有一個可能的理由是因爲工作職位的內容是你喜歡的，或是你想做的（例如此職缺主要負責公司化未來數字化的產品，而這塊正是你在目前這家公司做得少或接觸不到的）。

這樣回答還有一個好處就是：展現你勇於嘗試及個人抱負。

2. 為什麼我們要雇用你？

這個題目上，你要特別小心這裡面有一個陷阱，你不能過度的推銷自己，很多人爲了展現自己的優點而過度吹噓自己，過度推銷自己反而適得其反。

很多人在面試的時候表現出不可一世的模樣，這反而讓人對你有傲慢、狂妄的負面印象。

最好的回答方式是舉一個實際的例子來說明你的能力，還是回到前面那句老話，雇主為什麼要雇用你，特別是在大環境不好的情況底下，你能公司帶來什麼？

通常在職位描述中已經很清楚說明所需要的能力、資歷，以及你未來的職位的職責等等，所以透過面試你要展現出你的

能力是足以匹配公司未來的需求。

想想自己工作的經歷，找出一個你過去執行的專案或計畫中間的經歷，從開始、過程及結果，並和未來這個職位結合，這樣你就很容易在一堆候選人之中脫穎而出。

對於完全沒有工作經驗的大學生，若你大學科系與所求職的公司沒有直接相關，這時你要有很強的理由來說服雇主，你對這個職位、產業的願景，以及你未來在公司的長期發展等等。

3. 關於離開目前公司的理由

如果你是主動離職的，你要想清楚主要離職的原因，比較安全的說法包括尋求新的挑戰、目前公司的策略和自己職涯規劃不同等等。

如果是和先前所說的「辦公室政治」問題時，也千萬不可說是政治因素。

很多人「裸辭」的原因是因為爭一口氣，這時你要為你離職的原因找一個說法，這裡有幾個原則：

A. 不說前雇主的壞話；

B. 不洩露公司機密；

C. 說明之前公司發展方向和你職涯規劃不符；

D. 你從上一份工作學習很多，也很感謝前雇主給你成長的機會；

E. 目前面試的這家公司的發展和你想做的方向一致，你想把過去的經歷運用在工作上並且一起和公司成長。

教戰手冊──面試篇：8 面試考古題系列五：專業性的問題

面試前一定要先了解你所應徵的公司目前的經濟和相關產業的發展情況，並隨時更新產業動向，即使面試官沒有直接問這個題目，你也可以在回答其他題目時透露你對產業的了解。

換句話說，以下的題目即便面試官不問，你都會在不同題目中用到。

問題五：專業性的問題──經濟，產業相關問題

5-1：你對目前市場競爭者的定位及未來的挑戰的看法如何？

5-2：你的公司目前在市場上的定位是成功者或是失敗者？

5-3：最近有什麼新聞吸引你？為什麼？

1. 市場上競爭者的定位及未來挑戰的問題

這個題目在試探你對產業的了解，如果面試官沒有問你這一題，你可以在面試最後一個環節，換你反問面試官，也因為你有準備，所以在面試官回答時，你也可以發表你的看法，與面試官互動。

　　關於如何向面試官問出令人印象深刻的問題，我們在後面的章節會再詳細說明。

　　運用你對你目前所在行業的基本理解，養成隨時更新新聞的習慣，尤其是和產業有關的訊息，隨時準備一兩則新聞，並想一下你個人的觀點評論。

　　但記住，在面試時不要太堅持你個人的觀點。

　　如果面試官有不同意見或看法時，即使你確認他的觀點是錯，你還是輕描淡寫地說：

　　　今天聽到了不一樣的看法，真是受益良多，這部分我會再回去好好地研究，日後若有機會還希望能跟您再切磋交流。

　　千萬不要在面試的場合和面試官吵架，即便他是錯的，你是對的！

　　對於你所處的領域，你要有一個宏觀的看法，針對產業、行業，你要有一個廣泛的理解，在這個問題下，你必須：

　　● 了解（目前及未來）公司的市場定位

- 了解競爭公司的市場定位
- 更新產業信息
- 了解該產業經營策略
- 了解該公司產業的前景

這個專業的題目沒有標準答案，每個人所在的行業不同，其行業特性也不一樣。

因此，隨時注意自己所處的產業訊息，尤其你是面試和你目前工作類似的職位，這個是你的「專業」，一定要利用這個問題來顯示你的專業性，甚至如果面試官沒問，你都要在回答其他問題時主動提出：你就說：

也許你會想要問我關於對這個產業未來的看法……（其實面試官並沒有問……）

2. 關於公司市場定位的問題

問到你所處的公司目前在市場上的定位是成功者或是失敗者的問題時，這是一刀兩刃的問題，要特別小心。

如同先前所說的，你不能對你現在公司給予太多負面的評

價，那會讓人覺得你對目前的公司太過無情，而且既然領了這家公司的薪水又不能貢獻你的能力改善，日後就職遇到困境很有可能就是抱怨而沒有想辦法去解決這個困境。

但是如果你把目前公司的情況講得非常的好，接下來面試官可能就會懷疑，既然公司前景這麼好，那你又為什麼要離開呢？

接下來人家可能會懷疑：是不是你的能力或是同事相處的情況有問題。（回到上一篇所提到的問題：你離開公司的理由？）

所以謹慎地回答，誠實地分析公司的利與弊（大架構即可，記住不可以洩露公司機密）即可，換句話說「點到為止」回答這個問題。

如果面試官一直追問（有些公司會假借面試為由，來探聽競爭對手的內部消息），此時，你要說因為和公司已經簽定了保密協議，這些問題不方便在面試時答覆，而且未來雇主也不一定不希望自己的員工在外面揭露公司訊息來答覆。

注意：不管任何理由，在面試時洩露公司機密訊息都是不

洽當的。這也同時造成反效果，因為你也可能在任職後，在下次找工作時，洩露公司機密，導致現在面試的公司也不敢聘用你。

3. 關於產業新聞

如果面試官問你：最近有什麼新聞吸引你？他絕對不是問你最近發生什麼社會新聞，或是哪個明星的八卦消息。

你所要回答的是與你目前應徵的相關產業發生了什麼重要新聞，而你對這件事情的看法。

這個問題的準備不難，利用上下班時間或閒餘時間，看一下新聞及評論，想一下自己的看法，在面試前在特別留意一下產業動態即可。

但是對於那些跨領域或是沒工作經驗的求職者，你要花更多時間研究如何將你目前工作的經驗運用在這個新領域中，雖然你過去沒有在這個產業待過，但也不能表現的太過外行，平常就要注意相關新聞及行業報導。

另外，你還可以透過一些學習進修，或是網路上的教學課

程來獲取進入這個領域所需的知識，以及所要具備的基本技能。
在面試時展現你對這個領域的熱忱。

教戰手冊──面試篇：9 面試考古題系列六：與客戶、同儕的人際關係

我們在前面幾個問題中有特別說到，除了專業能力之外，你和團隊合作的方式也是一個重要的考量。

即使你應徵的不是管理職的工作，面試官也想要找一個能融入公司及團隊的員工，畢竟公司內部有超過五十％以上的時間是在處理「人」的問題。

一個能夠融入公司組織、文化的員工，才能使公司發揮最大的戰力。

面試官可能針對這個問題單獨提出問題，一方面想透過你的口中來描述你自己的處事原則，另一方面也想透過你的描述來了解你在其他人眼中的態度。

面試官很難真的去驗證你說的真偽，所以更應該好好準備，說出你的「態度」！

問題六：客戶關係／與同儕相處／人際關係處理

6-1：描述一下你如何與不同風格的客戶／同事／下屬／長

官相處，講述一下你個人待人之道，並舉出具體實例。

6-2：你的同事通常怎麼形容你？

6-3：你怎麼幫助新進員工盡快進入狀況？

1. 關於你如何與人相處的問題

如何與人相處，特別是你如何與客戶（不論是內部的同事或外部客戶）相處，是雇主最關心的議題。

你要是有處理複雜人際關係的能力，不論你的工作內容是否直接面對外部客戶，與人相處的能力決定你工作上的「EQ」。

即使你不和外面的客戶直接面對面，你的職位也一定爲某一特定的族群而服務，而他們就是你的「客戶」。

因此你在人際關係的處理上會決定你工作的成效，很多人的能力很好但缺乏溝通能力，這個不但會影響到未來的業務發展，也會影響到部門的績效，甚至是你未來是否可以晉升管理層的考量之一。

第一個問題在如何與不同風格的人之間的相處，這是一個比較廣泛的問題，重點在了解你如何處理和不同人工作的態度。

這個問題的回答重點在於彰顯你和團隊要怎麼合作，也就是所謂的「Team Work」，必須要讓未來雇主認為你不只是有能力、而且也可以和不同的人合作。

舉一個你實際的例子會讓你的說法更具說服力，把你過去參與過的項目，負責什麼樣子的業務，如何與人溝通，遇到什麼困難，最後如何解決，項目執行的結果等等做一個系統性的描述。

記住：一個實際的例子永遠比你講概念性的問題來得更具說服力。

2. 同事通常怎麼形容你？

這個問題的首要之重是，你知道別人是怎麼看你的嗎？

這個問題無關於你是否因為面試要準備答案，如果你真不知道別人眼中的你，找幾個好朋友問一下，也許這可以幫助你了解你自己以及眼前的困境。

面試官想透過這個題目來了解別人是怎麼看待你的，透過

對你的認知來認識你：

A. 你如何跟別人工作？

B. 你是否了解你自己？

C. 你的盲點。

這個問題的重點在於別人的觀點，而不是你自己的觀點，所以在回答這題時要掌握下列幾個重點：

這個問題和前面提過的優缺點問題一樣，你不能只講好的，這樣看來不真誠，要花八十％講你個性上的優點，但也分配一小部分的比例，說一些無關痛癢的缺點。

因為要說一些無關痛癢的缺點，所以更應該在面試前就先做好準備，否則臨場隨機應變可能會適得其反。

簡單的舉個例子：

同事眼中的我是一位個性開朗，願意接受挑戰，勇於負責的人……

這樣的說法是面面俱到，但只有優點的說法看來像是自吹

自擂，可信度低。

如果你可以再加一句：

> 在同事的眼中我同時是一個吹毛求疵的人，給自己（不是給別人或同事）太大的壓力……

注意表達的方式，不要讓「吹毛求疵」讓人影響你團隊合作的精神。

3. 幫助新進員工盡快進入狀況

幫助新員工上軌道的問題，不但能了解你處世的原則，同時也可能看看你的領導力，以及影響別人的能力，而這也能看出你在管理職位的潛力。

結論：如果有機會帶領同事去執行一個小專案，或是帶領新同事一起工作時，千萬別認為這是苦差事，相反地應該主動爭取機會，因為這個經驗可以寫入履歷，並在面試中占得先機。

教戰手冊——面試篇：10　面試考古題系列七：你從失敗中學到什麼？

這是一題如果你沒有事先準備絕對回答不好的題目。如果你到面試會場臨場才倉促回答，很容易出現破綻。

這個題目是要了解應徵者的自我反省及自我學習成長的能力。

問題七：你從失敗中學到什麼？

7-1：簡單描述一下你在工作上犯的錯誤，如何處理，以及後來結果？（負面的問題）

7-2：舉一個你過去工作上最感到遺憾的事，如果可以重來，你會怎麼重新面對？

1. 在工作上犯的錯誤，如何處理，以及後來結果？

這種類似的問題，你必須要準備一個「不是很嚴重」的錯誤，然後表示在這個過程中學到教訓。

千萬不要把自己推向火坑，讓人覺得你是因為能力不足，

或是個性問題所導致的。

這裡的結構很簡單：一個簡單的錯誤，原因是因為「大意」、「考慮不周全」等因素，從錯誤中學到了教訓，日後不犯相同錯誤。

這裡指的「失敗」是指你所面臨的障礙或挫折，並從這些「困難」幫助你成長，最後克服挫折，而獲得成功。

例如你接手一個全新項目，而這個項目中涉及的項目雜亂，所以你忽略了一個重要的因素，當你把計畫書提交給客戶時，客戶當場就指出這個缺失並且對你失去信心。

後來你重新召集公司相關部門，並臨時組織一個項目小組，針對客戶的問題列出了所有可能元素，並為客戶建立標準作業流程，主動與客戶聯繫溝通，列出所有重點項目，定期主動回訪客戶，後來和客戶成為好朋友。

整個回答問題的思路：

事件發生→發現問題→找出解決之道→記取教訓，並融入未來的工作標準流程中

　　在這裡你若能將上述的邏輯再整理一次，說出事情原委以及改正的結果，最好是強調日後有類似的情況再度發生時，由於有記取上次的教訓，不但沒有再發生同樣的錯誤，還能夠爲公司創造額外的收入，或節省多少成本等等。

　　針對這個問題，回答時要注意一點，千萬別讓你個人的缺點（不合群，懶散）成爲這個問題的主要原因，而是要藉由過去所累積的經驗來幫助你未來的成功。

2. 感到遺憾的事，如果可以重來，你會怎麼重新面對？

　　這是一道假設性的問題，因爲人生不可能重來，所以答題的重點在於日後遇到類似的問題時，你會怎麼做？

　　首先，遺憾的事有很多種，有私人情感的事，也有朋友或工作上的事。這裡強調的是工作上的事，回答這一題還是要聚焦在工作上的事。因爲你是來面試獲得工作的，與工作無關的經驗，面試官是沒有興趣的。

　　其次，不要花太多時間在描述情境和結果，只要講重點即可，然後花多一點時間講日後再遇到類似情況該如何應對。

最後，這個遺憾的事最好不要是近期發生的，最好是一兩年前的事，因為這樣你才有機會在日後「遇到」類似事件時，遺憾不再發生。

舉個例子來說：

我最遺憾的事發生在兩年前，我們部門的團隊犯了一個嚴重的失誤，導致客戶沒有在規定的時間內收到款項，在當下團隊急著撇清責任，並把所有過錯指向客戶，在當下我氣得和他們當面理論，但事情還是沒獲得解決，客戶在隔天才收到款項。後來我仔細檢討，我在當下應該放下所有對錯，和團隊一起解決問題，責任的歸屬問題應該留在事情解決完了之後再處理。

這類遺憾的教訓，讓我學到解決問題第一，情緒放在事後。而這兩年遇到類似的事情時，就沒「遺憾」發生。

最後再次強調，回答這一類問題的時後，永遠把重點放在你個人的提升。要知道每個人都會犯錯，犯錯並不可怕，可怕的是一而再、再而三犯同樣或類似的錯誤，那就表示無法從錯誤中成長。

教戰手冊——面試篇：11　面試考古題系列八：衝突管理／利益衝突

衝突管理與利益衝突是考驗一個面試者是否有高的工作情商，以及如何在不傷和氣的情況下來處理「衝突」的問題。

回答這類問題時，最好可以輔以實際的例子，才會有說服力。

問題八：衝突管理／利益衝突

8-1：如果你遇到客戶無理的要求時，你要怎麼處理？

8-2：當你不小心做錯某事，讓客戶非常生氣，也不聽你解釋時，該如何處理？

8-3：如果你同事要求你幫忙下班打卡，而他提早了兩個小時離開，你會怎麼處理？

8-4：如果你的主管要求你幫忙處理與工作無關的私事，你會怎麼處理？

1. 客戶無理的要求

前面兩題是同樣的意思，只是問的方式不同而已。

　　面試官想從這個題目中了解你怎麼處理衝突的問題。

　　這個問題的回答重點在於如何降低敵意，從管理者的角度出發，和氣生財，先道歉是第一步驟，而第二步驟要了解客戶的訴求。

　　如果客戶的要求不合理，也不必急著和客戶說 NO，而是了解客戶的爭執點，並說明會再請示主管，千萬不要先和客戶起衝突，這樣的回答展示了你的穩重。

　　另外，如果是你犯錯而導致客戶的不理解，而客戶也不聽你的解釋時，這時你直接向主管報告事情的原委，不會企圖掩飾，一起和主管把事情解決。

　　若沒有類似處理客戶抱怨的經驗，可以用過去如何與難相處的親友或同學共同工作的經驗，例如：

　　　　我以前遇到一個很難相處的同事，一開始他對我採取敵對的態度，無論我怎麼做，他就是不合作，試過各種不同的方法與他溝通，他就是表面上說好，實際上就是不執行，後來在一次項目會議上我主動提名這位同事擔任計畫主持人，而他因為需要我這邊的協助，就這樣我們成為工作上的好夥伴……

2. 關於幫忙下班打卡

幫忙同事提早下班打卡這件事情上，管理者想要聽到是你的工作道德觀而不是同事之間的情誼（很多時候管理者是不希望同事間私下間結群成黨）。

你站在管理者的立場來看，為什麼公司要求員工打卡？打卡的目的是為了什麼？

如果你今天幫同事打卡了，是不是公然挑戰公司制度？

所以這個問題很簡單，公司的利益及忠誠度大於同事情誼，回答時要展現你的正直及不偏袒的態度，而你的同事可以採取公司正常的請假制度來處理自己的私事。

我會同事說依照目前公司的制度，他也許可以走請假流程，或是公司制度允許用加班或其他方式來調整，因為如果這次幫他了，也許還會有下一次，或是其他同事也要求我做類似的幫忙，這樣會讓我不堪其擾，也違背我個人的工作價值觀……

3. 幫忙主管處理私事

回答這題要特別小心，盡量避重就輕並簡單的回答，在不影響公司的正常運作且和公司利益沒有衝突的情況下，你可以利用下班協助你的主管。

另外，不要馬上回答這個問題（即便你早已準備好答案）。稍微想一下，這有兩個目的：

A. 讓面試官覺得你認真在想這個問題；

B. 展現出你遇到利益衝突時，辨別是非對錯及價值觀判斷的能力。

衝突與利益衝突的管理是面試官要考驗你的「價值觀」，價值觀要正向，入職之後才不會搞事情，這就是這個題目的背後原因。

如果一家公司可以忍受價值觀偏頗的員工，那麼即便你順利入職了，你的工作也會非常的辛苦，而這家公司肯定會有很多職場政治等著你。

至於如何判斷這家公司的辦公室文化的問題，我們會在後面的「如何提出一針見血的問題」中討論。

教戰手冊——面試篇：12　面試考古題系列九：關於你的興趣、嗜好和運動

你的興趣、嗜好和運動，看似和工作無關，但這個問題反應出另一個生活的你。

很多人下了班就很累了，連睡覺都沒時間了，根本不會有任何的運動，但再怎麼累興趣、嗜好還是有的。

千萬別小看這樣的問題，也不要沒準備就回答這樣的問題。當你的條件背景經歷和其他人相距不遠時，這個問題有可能就是你脫穎而出的關鍵因素。

對於沒有工作經驗的畢業生，這題更應該好好準備。

問題九：興趣、嗜好和運動

9-1：說明一下你平常的興趣、嗜好？

9-2：你最喜歡的運動是什麼？

9-3：你最喜歡的電影、書籍？為什麼？

1. 關於興趣、嗜好

　　筆者的一個好朋友在面試時因為在這個問題上回答得宜，使他從眾多的競爭者中獲得工作。

　　在錄取工作後，他曾問主管為什麼錄取他，他主管回答：

　　當我問你的嗜好時，你回答你喜歡在閒暇的時候烹飪，在假日親自下廚煮給家人朋友吃。

　　廚藝本身即是一個展現執行力的過程，一個喜愛廚藝的人，在工作上絕對會有很強的執行力……

　　所以，你的興趣、嗜好絕不是睡覺、發呆或看電視這類的回答，通常雇主喜歡員工能有積極、主動、進取的態度，你個人的嗜好要從這個方向去想。

　　記住所有面試的回答，要是真實，而非捏造。

　　以先前的例子而言，如果你說你喜歡看書，那面試官下個問題就是你喜歡什麼書；或是你把書中煮菜的例子說成你的嗜好，而根本從來不下廚，說謊的例子缺乏生動性，這很容易被面試官看出。

如果你除了睡覺以外，真的沒有其他嗜好，那麼想一下如何將這個嗜好轉為「正向」的思維。

若在假日你可以一路睡到中午，那可以說：因為平常工作日耗盡了你所有的時間及體力，因此假日就成為你補眠的最佳時間。

當補眠之後，和朋友家人吃吃飯，用一個嶄新的精神迎接下個星期的挑戰！

2. 關於運動

運動某種程度是積極、活力的代表。有些面試官就直接問你平常做些什麼運動。

關於運動，你需要注意下列幾點：

運動的特質是屬於團隊活動或是個人主義？

一般來說，團隊活動的運動像是籃球、足球、排球等等，個人主義的運動像是高爾夫球、以及時下都會流行的壁球等等。

通常來說，雇主喜好的運動應偏向團體競賽，而你本身是否把 team work 融入日常生活之中。

必須注意，這是一般性向問題，若所有競爭對手在專業上不相上下時，這個性向問題就決定你錄取與否。

試想，你若是面試一位中階經理人，究竟你是要一位有團隊合作精神的經理，或是一位個人主義至上的中階主管？

另外，這題的答案並不是絕對的，如果你應徵的是公司的高階主管而不是中階主管，和客戶打高爾夫球也許是工作的一部分，所以完全要看你所應徵的公司、職位來決定。

但是，千萬別說你不喜歡運動。

運動的定義可以廣泛一些，不要拘泥在健身房或一般球類活動，有些女生不喜歡流汗的感覺，也從不上健身房，那麼「逛街」是否可以解釋成一種「運動」？

你可以說你不太喜歡過度激烈的運動，但你喜歡「走路」，並在走路運動的同時，順便觀察「時尚」或「最新流行的事物」。

　　你喜歡在「走路運動」的同時和你的好奇心結合在一起，同時也激發不少新的靈感，並舉出一個在逛街時所獲得的靈感實際運用在工作上的例子。

　　例如：

　　　你在逛街時發現今年春夏服裝流行復古的黑色色調，而在最新一次的行銷會議中建議產品定位在黑白色調，也更凸顯產品質感等等。

　　上述的說法，說明白了其實你的興趣就是逛街，這就看你怎麼把「逛街」重新「包裝」變成你工作上優點。

3. 關於你最喜歡的電影、書籍

　　特別對於那些沒有工作經驗的畢業生，另外準備兩本書，兩部電影，兩位名人（運動員，演員或任何一個專業領域的名人），說明他（它）們如何影響你，以及你如何從他（它）們的事跡或名言中獲得啟發，通常這些啟發都是屬於心靈雞湯之類的勵志文。

　　記住，千萬別說太過負面能量的事。

　　這是一個閒話家常的題目，面試前重新再想一下，合理化你的說話邏輯，讓面試官認為你是值得信任的候選人。

教戰手冊——面試篇：13　面試考古題系列十：如何處理對你負面的評價？

　　我們前面說了面試中最常見的九個問題，接下來談談第十個最常見的問題：如何處理面試官對你負面的評價？

　　我們不能期待每一次的面試的過程是順利的，其實有很多時候面試的氣氛是尷尬、負面的，如何應對這些情況，底下是我們的建議。

問題十：如何處理面試官對你負面的評價問題？

　　10-1：在你這個年紀的人，應該都爬上管理職了，為什麼你還是個小職員？

　　10-2：你在職位已經待了三年了，為什麼連這種簡單的問題都答錯？

　　10-3：為什麼你學業成績這麼差？（畢業生求職可能會遇到的問題）

1. 關於年紀與相對職位的問題

首先，當面試官對你提出負面問題時，並不一定是面試官真的覺得你不好，有時他只是想特別看一下當你在困境時如何自處？

所以遇到這樣的問題時，先不要急著辯解。

你不能預期面試的過程都是正面的，因此你若遇到面試官數落你，千萬不要慌張失措，或是當場和面試官吵架。

年齡只是個客觀標準，所有的面試官來看你，你都是同樣的歲數。

因此，如果面試官想要從年齡上來數落你，你必須正面回答。

以第一個問題來說，你沒有爬上管理職，有可能是因為你要照顧家庭，也有可能是因為沒把心思放在職涯管理（忙著談戀愛、生小孩等等），或是你真的能力不足等等。

所以回答的方向不外乎從你的價值觀、工作能力下手。

要知道有可能你的主管的年紀會比你小很多，所以要先表

明年紀不是問題，你可以接受主管的年紀比你小。

　　也同時因為你可能會是這個團隊最資深的員工，所以你也願意幫助年輕的主管穩定團隊的績效，創造良好的團隊文化等等，一下子把年齡大的劣勢轉成優勢。

　　記住，年紀不是一個是否能成功的重要因素，很多人年紀很輕的時候就成功了，但也有很多人到年老時取得碩大的成就，年紀絕對不是你是否能適任這個工作的主要原因。

2. 關於問題答錯

　　面試官質疑你的能力，或是認為你回答錯誤（不論是真錯或假錯），都不要和面試官爭辯。

　　如果是面試官錯誤的情況，一個常見的場景就是面試官有可能在上一份工作中和你現在是同行，為了顯現他在這方面的經驗，他有可能問一些和現在工作無關的問題。

　　但也由於他離開這個產業有一段時間，所以他認為「正確」的問題或答案已經不再是正確的時候，此時即便你認為他是錯的，也千萬別急著指正他的錯誤。

必須知道你來的目的是爲了找工作，而不是爲了產業交流，因爲面試的時間很短，不可能在短的時間內講清楚，所以順著面試官的問題，趕快將他的問題引導回和這個職位相關的問題。

如果是你回答錯誤，有可能是因爲你將面試官的問題方向完全想錯，因此答案剛好完全相反（這種情形在面試的時候，時而發生，不論是過於操勞、注意力不集中，或是過於緊張）。

其實在回答時你可以觀察面試官的反應，如果他的反應讓你覺得你似乎有答錯的傾向，此時應該先停下來，重新理一下思緒，或是停下來問一下面試官的意見，必要時修改一下答案。

如果你因爲回答錯誤而面試官不客氣的數落你一頓時，此時你千萬別動怒，或是顯出不知所措的樣子，你可以很婉轉請面試官「指教」是哪裡的觀念錯誤。

若此時的面試官「乘勝追擊」，非但沒有說出答案，還持續數落讓你很難堪時，想辦法快速結束面試離開會場。

需注意，很多面試官常常會製造一個不友善的環境來測試面試者，要看看面試者如何應對這樣的情況，所以在當下請盡

可能保持冷靜。

3. 關於你在校成績不好的問題：

這類的問題是大部分沒有正式工作經驗的學生會遇到的。

你功課不好的原因很多，但功課不好不代表你不能勝任你所應徵的工作。

所以你要將你功課不好的「劣勢」轉變成「優勢」。

例如你參加很多的課外社團活動，把大學這幾年你經手的活動轉變成你的「組織力」、「領導力」及「執行力」等等，這些正是功課好的學生他的「劣勢」，而我們擁有的能力正是公司組織所欠缺的人才。

若成績不好是因為你打工賺錢更感興趣，所以你把你在校功課不好的劣勢轉成了提早適應社會的優勢，反而讓你比其他的畢業生求職者更具優勢。

想想看若雇主真覺得你能力差，功課不好會影響日後工作的績效，那你連面試的機會都不可能有，所以如何將這些負面

的評價轉變成正面的加分重點，也許你最後就是靠著這個原本是「負面」的因素而獲取職位。

一般面試者遇到面試官的負面問題時往往不知所措，所以當你面對負面問題時：

首先一定要保持冷靜，並想方法詢求資源來解決這樣的困境，在面試的環境，你沒有機會打電話或傳訊息來尋求朋友或專家協助，因此面試官就是你最近的資源，在自己無法處理的情況下，尋求對方的幫忙（例如，請求面試官提供解答）。

若面試官不願意幫忙，則誠實的回答你不知道答案，並且會回去好好研究，若有機會，再找面試官當面請教，讓自己能在這次面試中有所成長。

若上述的方法都無法如願，則快快結束這場面試，回去找出正確的答案，畢竟這只是一場面試，從每次面試中所獲得失敗的教訓才是最重要的。

通常透過這樣的震撼教育之後，你會從中快速成長，並在下一次的面試中取得更好的成績。

教戰手冊——面試篇：13　如何提出一針見血的問題？

我們前面花了很多時間討論面試最常見的問題，而今天要討論的重點就是：什麼問題問面試官才是恰當的？

當面試官問完所有問題之後，來到面試的最後一個環節，角色互換，換你來面試你的面試官。

最後一個步驟是最重要的，但大部的人都會忽略或沒準備，有三分之一以上的應試者以「沒有問題」來回答面試官並結束面試。

先前有特別提過，面試是一個雙方互動的過程，公司要了解這位未來的員工，而應試者也從中面試來了解未來的領導。

通常最後一個問題，在面試的最後階段，你要也準備問題來問你的面試官。

所以，不論面試的過程如何，一定把握最後五分鐘的時間。

一方面表現你的積極性，一方面也顯示你對公司的重視。

　　面試官通常會問你有沒有問題，或是你還有什麼事情想要補充或告訴我們，若沒問題，這時千萬不可以說沒有。

　　下列是幾個是比較一般性問題，若真的不知道如何準備或沒時間準備，記住下列幾個「考古題」，原則上這些問題皆可適用大部分的場合：

1. 公司對員工的訓練計畫為何？

凸顯你個人期望學習成長，對新事物的挑戰充滿好奇

2. 公司未來一年（或三年）內最大的挑戰是什麼？

表示你對公司的強烈興趣，以及未來所可能面對的風險及挑戰

3. 公司的管理風格（或公司文化）為何？

　　公司文化等問題是一般較為廣泛的問題，當面試官回答公司組織及文化問題後，你必須對他的回應要有一些自己的、看法。

4. 公司未來一年／三年（視產業不同而調整）的擴展（廠）計畫？

了解公司未來的擴張計畫，一方面表示你可以在公司成長時能有所表現，另一方面也可以了解這家公司是否值得你加入（當作如果你有其他選擇時的參考）。

5. 公司如何考核員工？通常多久會執行一次員工績效的溝通？

了解考核的方式，可以進一步知道公司對員工的重視程度，另外你心中也有個大概，知道公司的獎賞制度。

6. 跨部門之間的合作互動程度如何？

這個問題是你考驗雇主和了解公司內部相互合作的情況，通常面試官會和你說明公司「正面」的訊息，即使如此，你也可以從中推敲出真偽，做為是否任職的參考。

7. 這個職位空著的原因？

原來員工離職的原因？或是這是一個剛設立不久的職位？

特別小心，有些職位常常在招人，而且要求的應徵者的條件很低，這時要特別小心，通常這些職位有很多坑等著你。

8. 關於公司（或部門）組織架構的問題？

了解公司部門間的層級以及你未來主管的上司，這個有助於你了解未來工作的上層結構，你才知道如何「向上管理」。

9. 這個職位是否需要經常出差嗎？

你如果不介意出差，你可以大方的問這一題。

相反地，你如果不喜歡出差，而你有很多工作選擇時，那你可以適度和主面試官溝通你的想法。如果這個職位真要常常出差而你又不願意的話，趁早說明，就不要浪費時間在這個職位上了。

10. 最後一題，可以禮貌地詢問這次面試完後的下一個步驟。

　　一般面試官會說等 HR 的通知，有些會告訴你還需要多少<u>關</u>面試。這些都沒關係，只要顯現你的積極性，以及渴望加入公司的企圖。

　　這裡有個小技巧，在面試的一開始時，你可以用「貴公司」來稱呼，以表示尊重，但等到面試進行一半時，這個「貴公司」就要改成「公司」，並用『我們』取代「你們」、「他們」，以拉近距離，讓面試者認爲你已經是這個「公司」的一份子。

　　但是也要小心，千萬不要在面試的一開始就嘗試拉近距離，還沒得到面試官認同前，這樣的拉近距離的說法會讓面試官不以爲然，甚至反感。

　　再次強調，公司福利、薪水、獎金等問題不適宜在此時主動提出，若面試官問你的預期薪資，則告知你接受一般市場行情，若面試官進一步逼問你了解的一般市場行情是多少，則你有兩種選擇可供回答：

　　A. 告知你目前的薪資情況（請務必誠實告知），說明你並不希望低於目前的薪資水平（除非情況特殊，否則你一定堅持這點，沒人願意工作薪資越作越低），若輕易降價，就顯示你對自我的信心不足。

　　若你期望的薪資遠高於市場或你目前的薪資行情，不是不可以或不可行，而是要做這樣的要求前，這要做更進一步的分析與了解。

　　B. 同意依公司目前規定的薪資結構來獲得該職位應該得到的薪資。

教戰手冊──最終章　新工作、新挑戰

01　恭喜你拿到工作合約（Offer）

當新雇主通知你錄取了，恭喜你，你之前辛苦的準備終於迎來回報。

除非這家公司是你的唯一最愛，否則，若你還有其他面試的機會，應持續面試，一方面是可以多了解市場的情況，另一方面，因為你已經拿到 Offer，你面試的心態也會比較放鬆，也就更能表現自己。

也因為你有了 Offer（尚未簽約；若你已簽約，除非有特殊情況，盡量依照合約規定，就不再參加任何面試），其他雇主也會更積極來看待你這位求職者，如果對薪資有特別期待的，這也能讓你在薪資談判中增加自己的籌碼。

我有一個真實的經驗，就是 A 公司已經給我 Offer 了，薪資其實已經在市場水準之上，但因為我已經答應另一個獵頭去面試另一家 B 公司，但就在我在 B 公司面試期間，A 公司的獵頭打電話找不到我，事後他知道我還在 B 公司面試，他馬上告訴 A 公司的老闆，A 公司馬上再加薪五％，我當然二話不說立

刻簽約 A 公司。

以上的例子，不能說是通則，但只要在不違背已經拿到 Offer 且尚未簽約的前提下，多看看沒有什麼壞處。

02 關於跳槽員工

離職前的注意事項

對於那些已經在工作而準備跳槽的人來說，拿到新公司的 Offer 之後，什麼時候向公司提出離職申請，是一門大學問。

首先，新公司雖然已經通知你錄取了，人資也和你確認薪資及相關福利，但在尚未拿到正式合約之前，一切都還有變數。若是人資要和你談入職日期，你可以說在拿到正式合約的一星期內向現在公司提離職。

拿到正式合約後，要仔細閱讀，相關的權益及義務要看清楚：薪資的計算方式，年假，試用期間、合約終止（離職）的相關規定等等。

一切安排妥當，想清楚你的離職理由，「心平氣和」和你

的主管面對面溝通談離職。我個人的建議是：最好是面對面和你的雇主談，談完之後，再用正式的書面通知 HR。

有些人不敢面對主管談離職是因為害怕若主管強留你，你不知該如何回答，這個部分你自己要多加練習並想像各種場景該如何應對，而且有時也有可能是你多想了，公司根本沒有想要留你。

離職談判的重點如下：

1. 感謝公司這段期間的機會（盡量不撕破臉，後面會提到這個重要性）；

2. 離職日：A.在公司的最後一天的日期；B.正式離職日期（兩者可能是同一天，也有可能是不同日，因為你可能會想把之前累積的假休完。）

3. 交接工作事項：目前工作及專案要交接給哪個人或哪些人。

4. 其他敏感的問題：有些雇主會問你要去哪家公司，你要小心回答這類的問題，一般來說，你可以用一個大方向（產業、類型等等）來回答，而避免告訴雇主自己的下家公司，如果你是去競爭對手的公司，那就要更加小心，並仔細閱讀你的勞動合約，特別是競業條款的規定。如果不清楚也許可以尋求法律咨詢。

　　特別是第三項的工作交接事項，千萬不要自作主張把工作交接給你「認為適合」的人，你已經要離開公司了，這個部分應該讓你的老闆來決定。如果你老闆要求你要先對你的離職保密，請你也不要在辦公室到處張揚。

　　提完離職之後，你在公司的地位也開始悄然改變。也許你會有些失落，但你的重點是在僅剩的日子，好好做好交接並將過程書面化，並知會老闆你的進度。

　　在這段時間你要保持正常心，不要想著「公司沒有你會倒」，或是「我走了沒有人可以扛起這份工作」等等，另外，在這段期間你公司的 email 會被特別監控，所以千萬不要把工作上的文件傳到私人信箱，即使你個人「認為」這是你自己做的，公司並沒有什麼貢獻等等。

　　對於那些和現在公司處不好的人，不管你對現在的雇主有多麼不開心，站在職業道德的立場，把你該做的工作做完，不用試圖去證明什麼。你過去在公司都無法證明你對公司的重要度（那就是你離開的原因），現在要走的你更無須去證明什麼，好好的拿到離職證明走人才是王道。

　　準備離職的這段期期間，你只要安然的度過這段期間，迎接下一個新挑戰。

入職後的注意事項

　　開始工作了，同時你也開始在寫你下一個履歷。

　　這不是鼓勵跳槽，相反地，這是要你耐著性子待在你新的工作職位上。

1. 新工作、新環境、新挑戰

　　當你開始新的工作時，各種不習慣開始發生，你也開始懷疑自己為什麼選擇這份工作，甚至開始懷念以前的「美好時光」，很多例子出現在跳槽的三個月內，因後悔而回到原公司（這種例子可能在亞洲不常見，我在倫敦則目睹好幾次中高階主管在短期內回歸的例子）。

　　特別是你如果在離職前和原本的雇主弄得不愉快，想在短期內回歸幾乎是不可能，這就是為什麼在先前一再強調，若非必要，絕不和前雇主撕破臉。

　　如果在新公司適應不良，三個月之後，你又開始找下一個新的工作，這不僅傷了你的職場商譽，而且在剛跳槽的三個月內又要再跳槽一次，這對於新雇主來說，除非你有一個非常好的理由，否則，如果只是適應不良或是和長官同事處不好等等理由，都無法說服新雇主再給你一次機會。

　　成功跳出舒適圈就是你成長的開始，但同時也記得成長是一個痛苦過程，想要坐擁高薪，是必須付出代價的。也唯有度過了這段痛苦的經歷，才能真正成長。

　　如果你成功的跳槽，而且加薪，當然是可喜可慶，但也不要忘了，這才是挑戰的開始。如果你拿了一個高薪，還沒進新公司之前，你已經「樹立」一大堆的隱形敵人而不自知，上自你的老闆，下至你的部屬，你可能還沒進入公司前，已經「得罪」他們，所以還有比面試更重要的事：如何和上司、同僚及下屬快速良好的「工作關係」，公司同仁間之相處關係等等。

　　表現的能力固然重要，但如何做人，以及如何迅速取得同事間的信任，察言觀色，了解誰和誰不合，公司裡有多少小團體，誰是這些小團體的意見領袖，都有助於你適應新公司。

　　在疫情之前，我曾經遠端面試一家新加坡的金融科技公司，雙方一共安排兩次視訊會議，留下很好的印象，然後雇主安排

我飛到新加坡與未來同事一起工作一個星期，那段期間也和公司董事長見面，雙方確定工作能力，態度及溝通都沒問題，之後我就推掉其他的機會加入這家公司。

「和你上司是否能相處」、「和同事是否能和平共處」、「是否能適應公司文化」則是評估你下一步是否要接受新公司條件（offer）的考慮因素。如果情況允許，可以嘗試要求要和未來上司、同事或下屬一起碰面、或吃飯、或甚至實際到公司一起工作一天，其原因都是要能確保上述的問題不會發生，雖然一次吃飯，見個面、或工作個一天並不能完全代表一切，但至少也讓未來的同事知道即將有你這麼一個人來一起工作。

2. 人與事的次序問題

通常在高薪跳槽的情況，很有可能你是領著超出市場行情的薪資進入公司，因此急著想要有所表現給雇主，以報「知遇之恩」是可以理解的，因此，「做對的事情」（Do the right thing）就成了當務之急了。

一味地先處理「事」的問題，而忽略「人」的重要性，這是高薪跳槽急於表現的通病，「做對的事情」（Do the right thing）的背後邏輯是：「你們都做錯了，只有我的做法才是對

的。」這樣的前提對那些老員工情何以堪，若要他們承認錯誤，下一波可能就會被裁員。

另外這些「元老」員工對於公司系統的掌握，不是一般員工可以馬上可以接手的；現有員工的「心態」以及對事處理的心態都會影響公司的運作，千萬不要先草率更改既有的流程，要改的是自己的心態，心態變了，也就能事半功倍。

在一個新環境中如果沒把人際關係搞好，之後你的任何新政策是沒辦法執行與落實的，也許你的上層老闆可能會罩你一兩次，接下來，他會對你喪失耐心與信心，而你在公司的蜜月期也就結束了，因此，在一個新公司中，先把人搞定，才是第一要務。

3. 低調

對於那些高薪跳到新公司的人來說，「低調」似乎沒有辦法展現你的身價，也不符老闆當初聘用你的初衷，而過於低調也可能讓你過不了試用期即遭解聘的命運；另外，有著輝煌戰功的你，在心態上也不太可能保持低調，但用著所謂「高調」的態度就很容易犯了前述兩個錯誤，「自視甚高」及「人際問題」等，就老闆的角度來說，克服前述兩個議題是你個人的問

題，公司需要的是「人才」，人才自能解決這些問題又能為公司帶來老闆預期的「績效」。

需要注意的，老闆絕大部分需要你來解決目前公司人事上的問題，需要非常小心不要成為人事上的打手，好萊塢很多著名有關的商業上的電影，主角通常被高薪挖來裁員，尤其是裁那些所謂「開國元老」，這些開國元老仗恃著為公司所立下的汗馬功勞，以及和老闆的革命感情，恃寵而驕，老闆需要從外面請來打手，將這一批人換掉，以達改革目的；而這些高薪請來的打手沒有人情上的包袱，最適合這類工作。

如果只是單純地處理高層人事問題，人事解決也就完成了任務，但你也同時已得罪其他「既得利益者」，試想這些「高層」能爬上這個位置也非等閒之輩，其中有多少利益糾葛的情節是一個空降部隊的你所能夠理解的？

4. 資源

這裡所指的資源是泛指所有的資源系統，包含所有的人、事、物，不要小看這個，你在公司的成敗關鍵就在於此。一家公司的資源會散布在各個角落，最直接的莫過於薪酬部分，而這個部分往往掌握在大老闆的手中，對於大型的跨國織構，HR

主管則是不可忽視的一部分。除了你個人的薪酬外，你想要用這個來培養自己的人脈，和 HR 主管打好關係是不可或缺的，這不但可以幫助你激勵你的員工，一些無形的資源（例如在職訓練、協助員工解決生活問題等），也可以幫助你凝聚向心力。

　　不論你是職場上的菜鳥或老鳥，現實生活中，入職工作後就是新生活的開始，一旦王子與公主脫下美麗的外衣，柴米油鹽醬醋茶，才是考驗的開始！在新公司、新工作、新同事面前好好表現，你真正的挑戰才剛開始。

全書完。

WIN ⑬

社會新鮮人面試教戰手冊：華爾街投行副總面試祕訣大公開

作　　者—克里斯
主　　編—李國祥
企　　畫—吳美瑤
編輯總監—蘇清霖
董 事 長—趙政岷
出 版 者—時報文化出版企業股份有限公司
　　　　　108019臺北市和平西路三段二四〇號三樓
　　　　　發行專線—（〇二）二三〇六—六八四二
　　　　　讀者服務專線—〇八〇〇—二三——七〇五
　　　　　　　　　　　（〇二）二三〇四—七一〇三
　　　　　讀者服務傳真—（〇二）二三〇四—六八五八
　　　　　郵撥——九三四四七二四時報文化出版公司
　　　　　信箱——〇八九九臺北華江橋郵局第九九信箱
時報悅讀網—http://www.readingtimes.com.tw
電子郵箱—genre@readingtimes.com.tw
法律顧問—理律法律事務所　陳長文律師、李念祖律師
印　　刷—紘億印刷有限公司
初版一刷—二〇二三年八月十八日
定價—新臺幣三三〇元

時報文化出版公司成立於一九七五年，
並於一九九九年股票上櫃公開發行，於二〇〇八年脫離中時集團非屬旺中，
以「尊重智慧與創意的文化事業」為信念。

社會新鮮人面試教戰手冊：華爾街投行副總面試祕訣
大公開 / 克里斯著. -- 初版. -- 臺北市：時報文化出
版企業股份有限公司, 2023.08
　面；　公分. -- (Win ; 33)
ISBN 978-626-374-200-0(平裝)

1.CST: 就業 2.CST: 面試 3.CST: 職場成功法

542.77　　　　　　　　　　　　112012549

ISBN 978-626-374-200-0
Printed in Taiwan